U0558136

商贸流通行业在国民经济中发挥重要作用。我国商贸流通行业发展现状如何？现有研究多为定性分析，本书通过梳理商贸流通行业上市公司财务指数的编制，将为您提供客观、准确分析，并为您解读我国商贸流通行业发展提供有益借鉴。

【管理学学术前沿书系】

商贸流通业上市公司发展指数研究

张 军 ◎ 著

经济日报出版社

图书在版编目（CIP）数据

商贸流通业上市公司发展指数研究／张军著．——北京：经济日报出版社，2016.12
ISBN 978-7-5196-0078-5

Ⅰ.①商… Ⅱ.①张… Ⅲ.①商品流通-上市公司-研究-中国 Ⅳ.①F724

中国版本图书馆 CIP 数据核字（2016）第 320089 号

商贸流通业上市公司发展指数研究

作　　者	张　军
责任校对	李艳春
责任编辑	陈礼滟
出版发行	经济日报出版社
地　　址	北京市西城区白纸坊东街 2 号（邮政编码：100054）
电　　话	010-63567683（编辑部）
	010-63588446　63567692（发行部）
网　　址	www.edpbook.com.cn
E-mail	edpbook@126.com
经　　销	全国新华书店
印　　刷	北京九州迅驰传媒文化有限公司
开　　本	710×1000 毫米　1/16
印　　张	10.625
字　　数	200 千字
版　　次	2016 年 12 月第一版
印　　次	2016 年 12 月第一次印刷
书　　号	ISBN 978-7-5196-0078-5
定　　价	48.00 元

版权所有　盗版必究　印装有误　负责调换

摘　要

在后危机时代，改革的重点是将中国经济转入增长的稳定区间。发展流通生产力，实现增长模式从生产推动型向流通主导型转变是进一步深化改革的必然要求。在当前国内需求不足的情况下，流通业在国民经济中的作用愈发重要，流通业逐渐成为引领经济发展的基础性产业和先导产业。大力发展流通行业能够显著地促进经济增长，扩大消费、引导投资、促进社会分工，增加社会就业，推动制造业结构调整以及制造业的产业结构升级，保障国民经济顺利运行。商贸流通业的重要作用具有长期性，我国高度重视商贸流通行业的发展。

鉴于商贸流通企业在经济发展中发挥着重要作用，为了更好地研究并促进其发展，有必要构建一套发展状况评价体系。借鉴国际上流行的行业标杆（benchmarking）的理论和方法，结合我国商贸流通企业发展的实际情况，研究和构建了全面评价我国商贸流通上市公司发展状况的综合指标体系——商贸流通上市公司发展指数。同时，利用该指数对我国商贸流通上市公司的发展状况进行了动态监测和科学评价，通过定量化的数据处理，得出我国商贸流通上市公司发展状况的排序。选取典型案例苏宁云商、南宁百货等企业，回顾了其发展历程，分析了其面临的严峻挑战。

我国商贸流通业上市公司发展指数整体趋势表现为"增长—稳定—增长"。这与我国宏观经济政策有着密切的关系，一方面行业的发展受到宏观经济发展水平和经济政策的影响与制约，另一方面它也是宏观经济健康发展的催化剂，可以起到促进宏观经济发展的作用。商贸流通业发展既是国民经济的重要组成部分，也会随着产业结构和消费结构的升级换代而带来自身的发展机会。因此，经济的持续健康发展是商贸流通行业健康发展的根本保障。运营因子和利润增长因子是促进我国商贸流通业上市公司最重要的两个因素，上市公司应维持和进一步改善运营能力，实现运营因子的稳定增长，并保持利润的持续增长。这需要商贸流通行业上市公司积极应对消费者消费习惯改变的趋势，积极筹划，引领消费趋势，主动对接"互联网＋"的新情况，美国近期部分商贸企业因为不能积极应对电子商务带来的挑战不得不申请破产保护就是很好的证明。

目 录

第一章 引言 …………………………………………………… 1

第一节 商贸流通业研究意义 ………………………………… 2
第二节 国内外研究现状 ……………………………………… 5
一、商贸流通业发展状况研究 …………………………………… 5
二、商贸流通业细分行业研究 …………………………………… 9
三、商贸流通企业特征研究 …………………………………… 14
四、企业发展指数研究 ………………………………………… 16
第三节 本书研究结构 ………………………………………… 19

第二章 我国商贸流通业行业发展概况 ……………………… 21

第一节 商贸流通业行业地位分析 …………………………… 22
一、商贸流通业在经济中占据重要地位 ……………………… 22
二、商贸流通业的重要作用具有长期性 ……………………… 22
第二节 商贸流通业行业发展的环境分析 …………………… 23
一、我国宏观经济运行情况 …………………………………… 23
二、商贸流通业行业发展的政策环境 ………………………… 23
三、国外商贸流通行业的发展及启示 ………………………… 26
四、"十三五"我国商贸流通业发展规划 …………………… 32

第三章 商贸流通业上市公司发展指数的编制 ……………… 35

第一节 商贸流通上市公司的基本情况 ……………………… 36
一、商贸流通业行业上市公司的数量 ………………………… 36
二、商贸流通业上市公司的行业细分 ………………………… 38
第二节 样本选取与基期确定 ………………………………… 40
第三节 发展指数计算 ………………………………………… 41

一、适用性检验 ································· 43
　　二、标准化处理和缩尾处理 ···················· 43
　　三、主成分提取 ································· 43
　　四、主成分经济解释 ···························· 45
　　五、主成分得分矩阵 ···························· 46
　　六、主成分模型的构建 ·························· 47
　　七、发展指数的构建 ···························· 47

　第四节　商贸流通上市公司发展指数编制结果 ········· 48
　　一、总体测算结果 ······························ 48
　　二、我国商贸流通上市公司发展能力排名 ········ 49
　　三、商贸流通上市公司分行业发展指数 ·········· 50

第四章　商贸流通业上市公司发展指数的分析 ············ 51

　第一节　发展指数变化趋势分析 ······················· 52
　　一、总指数变化趋势分析 ························ 52
　　二、各上市公司发展指数描述性统计 ············ 52
　　三、分行业发展指数变化趋势 ···················· 53
　　四、各主成分分析 ······························ 54

　第二节　商贸流通上市公司发展能力分析 ·············· 55
　　一、经营规模 ··································· 55
　　二、财富创造能力 ······························ 56
　　三、财务稳健性 ································· 58
　　四、运营效率 ··································· 59
　　五、成长能力 ··································· 62
　　六、现金获取能力 ······························ 62
　　七、财务质量 ··································· 64

　第三节　商贸流通业上市公司发展能力的细分行业的分析与比较 ····· 65
　　一、批发业上市公司发展能力分析 ················ 65
　　二、零售业上市公司发展能力分析 ················ 77
　　三、运输业上市公司发展能力分析 ················ 90

　第四节　商贸流通业上市公司发展能力的分行业比较 ···· 103

第五章 典型商贸流通上市公司发展能力分析 ········· 117

第一节 苏宁发展历程以及发展能力评价 ············ 118
一、苏宁云商发展历程 ························ 118
二、案例分析 ······························ 121

第二节 南宁百货发展历程及其发展能力评价 ········· 124
一、南宁百货发展历程 ························ 124
二、案例分析 ······························ 124

第六章 研究结论 ································ 129

第一节 主要研究结论 ···························· 130
第二节 未来研究展望 ···························· 130

附录1：商贸流通业上市公司样本名单 ················· 132
附录2：商贸流通业上市公司2008—2015年发展指数（共167家）······· 138
附录3：商贸流通业上市公司2008—2015年发展指数排名 ········· 144
附录4：批发业2008—2015年发展指数排名（共46家）········· 150
附录5：零售业2008—2015年发展指数排名（共55家）········· 152
附录6：运输业（航空、道路、水上、铁路）2008—2015年发展指数排名（共54家）·························· 154

主要参考文献 ·································· 156

致谢 ·· 163

第一章 引言

第一节　商贸流通业研究意义

改革开放以来，我国经济的持续快速发展，带来了社会消费品零售总额的高速增长，这为商贸流通业发展带来了根本动力。表1-1反映了改革开放以来我国社会消费品零售总额变动情况，社会消费品市场规模总额从1978年的1558.6亿元，增加到2015年的30.1万亿元，名义增长率192倍，扣除物价因素后的实际增长36倍。

表1-1　我国1978—2015年全国社会消费品零售情况

年份	社会消费品零售总额（亿元）	居民消费价格指数（上年=100）	环比名义增长率（%）	环比实际增长率（%）	年份	社会消费品零售总额（亿元）	居民消费价格指数（上年=100）	环比名义增长率（%）	环比实际增长率（%）
1978	1558.6	100.7	—	—	1997	31252.9	102.8	10.20	7.40
1979	1800	101.9	15.49	13.59	1998	33378.1	99.2	6.80	7.60
1980	2140	107.5	18.89	11.39	1999	35647.9	98.6	6.80	8.20
1981	2350	102.5	9.81	7.31	2000	39105.7	100.4	9.70	9.30
1982	2570	102	9.36	7.36	2001	43055.4	100.7	10.10	9.40
1983	2849.4	102	10.87	8.87	2002	48135.9	99.2	11.80	12.60
1984	3376.4	102.7	18.50	15.80	2003	52516.3	101.2	9.10	7.90
1985	4305	109.3	27.50	18.20	2004	59501	103.9	13.30	9.40
1986	4950	106.5	14.98	8.48	2005	68352.6	101.8	14.88	13.08
1987	5820	107.3	17.58	10.28	2006	79145.1	101.5	15.79	14.29
1988	7440	118.8	27.84	9.04	2007	93571.6	104.8	18.23	13.43
1989	8101.4	118	8.89	-9.11	2008	114830.1	105.9	22.72	16.82
1990	8300.1	103.1	2.45	-0.65	2009	133048.2	99.3	15.87	16.57
1991	9415.6	103.4	13.44	10.04	2010	158008	103.3	18.76	15.46
1992	10993.7	106.4	16.76	10.36	2011	187205.8	105.4	18.48	13.08
1993	14270.4	114.7	29.81	15.11	2012	214432.7	102.6	14.54	11.94
1994	18622.9	124.1	30.50	6.40	2013	242842.8	102.6	13.25	10.65
1995	23613.8	117.1	26.80	9.70	2014	271896.1	102	11.96	9.96
1996	28360.2	108.3	20.10	11.80	2015	300931	101.4	10.68	9.28

数据来源：国家统计局，社会消费品零售总额1992年以前为社会商品零售总额。

我国社会消费品零售规模与我国的经济快速发展密切相关，突出表现为与国内生产总值增长规模和增长速度密切相关。

从环比数据来看，我国社会消费品零售情况具有以下特点。

第一，我国社会消费品零售规模保持了长时间、持续、稳定的发展态势，其实际增长率在长达38年的时间里，除个别年份外，其始终保持近两位数的增长速度。1978年至2014年，国内生产总值名义增长174倍，同期国内社会消费品零售规模增长173.4倍，增长率几近相同。

表1-2 我国历年国内生产总值及其年度增长率

年份	国内生产总值（亿元）	增长率	年份	国内生产总值（亿元）	增长率
1978	3678.7	——	1997	79715	11.00
1979	4100.5	11.47	1998	85195.5	6.88
1980	4587.6	11.88	1999	90564.4	6.30
1981	4935.8	7.59	2000	100280.1	10.73
1982	5373.4	8.87	2001	110863.1	10.55
1983	6020.9	12.05	2002	121717.4	9.79
1984	7278.5	20.89	2003	137422	12.90
1985	9098.9	25.01	2004	161840.2	17.77
1986	10376.2	14.04	2005	187318.9	15.74
1987	12174.6	17.33	2006	219438.5	17.15
1988	15180.4	24.69	2007	270232.3	23.15
1989	17179.7	13.17	2008	319515.5	18.24
1990	18872.9	9.86	2009	349081.4	9.25
1991	22005.6	16.60	2010	413030.3	18.32
1992	27194.5	23.58	2011	489300.6	18.47
1993	35673.2	31.18	2012	540367.4	10.44
1994	48637.5	36.34	2013	595244.4	10.16
1995	61339.9	26.12	2014	643974	8.19
1996	71813.6	17.07			

第二，社会消费品零售总额环比增长率与居民消费价格指数存在一定的正相关性，居民消费价格指数较高的年份，当年社会消费品零售总额环比增长率相对也较高。一定程度上说明，社会消费品零售总额增长情况对居民消费价格指数具有重要影响，社会消费品零售情况与居民消费情况存在紧密联系。

第三，2003年以来，社会消费品零售总额增长率进入一个小幅波动周期，其中在 2008 年达到峰值，近年来增速逐年放缓，下降趋势明显，2015 年降至 9.28%。一方面体现出我国社会消费品零售规模进入相对稳定增长时期，另一方面反映其进入增速放缓周期。

社会消费品零售总额增长率的放缓必然会对我国经济产生重大影响。事实上，20 世纪 90 年代中期以来，我国逐步进入商品结构性过剩时期，商品流通业作为社会生产、销售、消费中的一个重要环节，承担起满足消费、引导生产的新职能，在国民经济中的地位不断提升。在当前我国有效需求持续不足的情况下，对商贸流通业发展状况进行系统研究，在科学评价的基础上采取有效途径提升其发展能力，关乎商贸流通业自身发展，同时对整个国民经济具有现实意义。

Kiyohiko 和 Nishimura（1993）认为，流通产业包括批发、零售及运输等相关行业。OECD（1997）认为，流通产业主要包括批发业及零售业，其中，零售业是面对消费者的终端，批发业是连接生产者与零售商的中介机构。流通有微观和宏观之分，微观流通是指为实现组织目的，通过对顾客需求的预测和满足过程的管理而进行努力的各项活动；宏观流通是指为了实现社会目的，使不同的供应商与消费者有效地联系起来，引导商品从生产者向消费者流动的社会经济过程。中国社会科学院财政与贸易经济研究所课题组（2009）认为，对于流通产业的界定，应该以流通为基点，即，是否专门从事商品流通，是否专门为商品流通服务。因此，流通产业主要包括商业（如批发业和零售业）和专门为商业服务的行业（如仓储业、运输业、包装业等物流业）。

黄国雄（2005）指出，商业是时代的特征，交换是市场经济的本质，流通是基础产业。深化流通体制改革，推进先进流通方式，关键在于改变时代对流通的看法，摆正流通在国民经济运行中的地位。大力发展商贸流通业，不仅有利于缓解中国的就业矛盾，而且有利于实现生产与消费的衔接。在后危机时代，改革的重点是将中国经济转入增长的稳定区间。发展流通生产力，实现增长模式从生产推动型向流通主导型转变是改革的应有之义。在当前国内需求不足的情况下，流通业在国民经济中的作用进一步凸显，流通业逐渐成为引领经济发展的基础性产业和先导产业。因此，加强对中国流通业增长能力的综合评价研究，不仅有助于清楚认识中国流通业的增长能力和增长潜力，从而有针对性地推进流通产业的发展壮大，而且有利于发挥其扩大消费、引导投资、促进生产的重要作用。

选取恰当的测量方法，建立公司发展指数并对其进行研究，有利于"传统"商贸流通企业对照差距，促进企业发展；有利于补充和完善现有研究成果，促进行业发展；同时，新的市场参与主体的引入与方法测定，为其他行业企业的发展、测定提供了新的尝试。

行业标杆（industry benchmarking）理论。"标杆（benchmark）"，最早是指工匠或测量员在测量时作为参考点的标记，后来渐渐衍生为衡量的基准或参考点。从此，标杆便成为"优异典范"的代名词。衡量一个企业在行业中的地位不是仅仅监测其销售收入，而是全面、综合、科学地考察各方面指标，将企业各个方面进行量化，将指数值最高的企业作为行业的标杆企业，给其他企业一个合理定位，同时使它们看到自身差距，并了解差距所在，为后续改进提供依据。作为商贸流通企业的代表，上市公司在资金实力、业务渠道、经济效益、管理水平等方面一般具有明显优势，此外企业在信息披露、公司治理、股权融资、社会监督、盈利能力和抗风险能力等方面同样为行业"表率"。对本行业上市流通企业的平均情况进行研究，探究企业各方面的经营表现及其在行业中的相对地位，不仅为上市公司横向比较、分析、借鉴提供了"标杆"，同时也为谋求或具有上市需求的潜在上市公司提供了参考。

第二节　国内外研究现状

为更好借鉴国内外学者研究成果，本节从商贸流通业发展状况、行业细分、企业特征、企业发展指数四个层面入手，对相关文献资料进行梳理。

一、商贸流通业发展状况研究

我国商贸流通业目前尚处于传统商业向现代流通业转变的阶段，产业层次整体偏低，并且尚未广泛地参与国际分工。在今后相当长的时间内，商贸流通业的竞争主要体现为地区间市场的争夺和产业自身的优化升级。

中国社会科学课题组（宋则、赵萍等，2008）对商贸流通服务业的影响力进行了实证分析，认为，缩短流通时间、加快经济节奏、消灭耽搁迟滞和断档脱销已成为提高国家整体竞争力最重要的战略问题。课题组以菲德两部门模型为基础，估算了商贸流通服务业对国民经济发展的外溢作用，分析认为商贸流通服务业对于提高国民经济运行质量、优化经济流程、调整经济结构、扩大内需、增进消费、扩大就业、节能降耗、降低成本，从而增进社会总福利具有愈加明显、愈加广泛、愈加深入的影响。随着其在国民经济中的基础性作用和先导作用日益加强，对商贸流通业的研究日益成为国内经济学界关注的重点（马强文等，2011）。

改革开放以来我国商贸流通业取得了快速发展，但由于经济体制转型过程的复杂性，商贸流通业发展方式仍然比较粗放，不能适应经济发展方式转变的新要求。任保平（2012）基于对中国商贸流通业发展方式的统计数据，运用 Cobb–Douglas 生产函数、索洛余值法等经济增长和发展理论来分析资本、劳动、技术进步等因素对商贸流通业发展的综合影响，对中国商贸流通业发展方式做出评价。认为，现阶段中国商贸流通业发展方式基本还处于投入推动型的粗放式发展阶段，要实现商贸流通业粗放式发展方式向集约式发展方式的转变，必须在增加物质资本投入的同时，增加人力资本的投入。通过加快流通企业的技术进步，来提高流通效率和效益。

洪涛等（2002）通过对流通力概念和构成要素的考察，构建了中国城市流通力的综合评价指标体系，具体包括政府支持指标、总量指标、发展水平指标、经济效益指标、现代化程度指标、对城市经济贡献指标等六类一级指标及 13 个二级指标。孙薇（2005）则首先构建了地区流通力指标体系，包括规模力指标、商流力指标、物流力指标、信息流力指标、资金流力指标、贡献力指标、发展力指标等七大类一级指标和 23 项二级指标，然后利用因子分析法对地区流通力进行比较研究，从而找出影响地区经济发展的流通力因素。在宋则等（2003）研究的基础上，宋则等（2006）从评价流通现代化入手，构建了流通现代化核心评价指标，该指标体系包括流通产业贡献率、流通产业劳动力就业指数、流通效率、流通产业资源分布指数、流通产业集中度、流通产业信息化水平、连锁经营指数、物流配送指数、电子商务指数、流通产业人员素质指数，并给出了部分一级指标的 44 个二级指标和 50 个三级指标。石忆邵等（2004）建立了商贸流通业竞争力综合评价指标体系，包括规模指标、增长指标、市场潜力、业态及结构指标、国际化指标、基础设施和服务设施条件、社会经济水平等七类一级指标与 22 个二级指标。周日星等（2006）从规模与水平、潜力与环境、现代化程度、财务状态、综合社会贡献等五个方面构建流通业的综合评价体系，但是研究内容比较笼统。现代服务业影响力，特别是间接影响力（外溢效应）不易识别，一直是困扰服务业发展的重大基础理论和现实问题。中国社会科学院财政与贸易经济研究所课题组（2009）对商贸流通服务业的外溢效应及其具体表现给出了定量分析和数学描述，并梳理了我国改革开放前后近 60 年的大量数据，对分析结果进行了反复验证。主要包括：商贸流通服务业影响力分别与国民经济流程、产业结构、发展方式、城乡关系、扩大就业、增进消费、节能降耗等重大时代主题下的逻辑传导关系及其政策含义。

部分学者基于跨国零售企业行为研究来评估我国商贸流通产业安全。张丽淑、樊秀峰（2011）发现，2009 年我国零售产业尚处于基本安全状态，但 2003

年以来呈明显下降趋势。陈洁（2014）基于产业控制力的研究结论指出，目前外商直接投资在一定程度上会对中国商贸服务业产业安全构成威胁，但不同区域、不同视角的影响效果不同，这与各地区所处的地理位置、经济发展水平、对外开放度等因素有关。基于产业对外需求弹性的研究发现，总体来说，经济全球化背景下中国商贸服务业的市场需求缺乏弹性，产业发展不安全，但不同地区、不同类型的对外需求弹性存在差异。从产业发展力、产业竞争力、产业控制力和产业对外依存度构建指标体系并客观计算中国商贸服务业产业安全状态，测算结果表明中国商贸服务业处于"基本安全"的下档。

为促进国内商贸流通业的协调发展，任保平、王辛欣（2011）对全国31个省区商贸流通业发展状况进行了比较研究，在建立地区商贸流通业发展指标体系的基础上，使用因子分析法，对商贸流通业地区发展差异进行测量和分析。文章认为，由于地区分工、地理区位、市场环境及工业化与城市化水平等原因的影响，我国东、中、西部商贸流通业发展程度上差异显著，东部最发达，中部次之，西部最差，促进区域协调发展，是促进商贸流通业发展的重要手段。

为全面把握中国流通产业发展质量，俞彤晖（2016）从区域差异的视角深入探究了中国流通效率问题。运用主客观综合赋权法确定流通效率测度指标权重，得到了2003—2013年全国31个省份的流通效率水平，并运用多种区域差异测度指标对中国流通效率区域差异进行了动态测度。发现，2003—2013年，全国各省份流通效率均呈现逐年提升态势，但其绝对增量存在差异，东部地区增量最大，中部地区次之，西部地区最小；流通效率区域相对差异缓慢缩小，但绝对差异的持续扩大仍应引起高度重视；东中西部三大地区内部的流通效率差异程度各异，东部地区内部差异程度始终最高，西部地区次之，中部地区最低；东中西部三大地区流通效率的区域内差异明显高于区域间差异。陈宇峰、章武滨（2015）采用超效率DEA模型测度了1997—2010年全国29个省份的商贸流通效率，并分析了商贸流通效率的演进趋势及商贸流通效率演进的影响因素。效率测度结果显示，全国及三大地区的效率总体呈波浪式变化，并且波动趋势较为一致。其中，东部地区商贸流通效率最高，中西部地区的效率较为低下且较接近。陈洁（2014）基于产业发展力的研究发现，中国商贸服务业的劳动生产率增长水平高于工业，证实了中国商贸服务业不存在鲍莫尔成本病。

孙前进（2011）对我国现代流通构成的先行研究进行了简要整理，阐述了现代流通的流通环境、连锁经营、信息系统、电子商务等10个方面的特征，提出了中国现代流通体系应该由政策法规及行政管理体系、国内流通体系、国际（区域）流通体系、支持与保障体系4项一级体系和25项二级体系构成的总体思路。孙敬水、姚志（2013）对现代流通产业及其核心竞争力的内涵，现代流通产业核心竞争力的形成机理，现代流通产业核心竞争力的评价指标与评价方法等方面的最新研究进展进行了较为系统的文献回顾与评述，并对未来的研究方向进行展望。

赵萍（2015）总结了2014年中国流通产业的新特点：大型超市和百货店增速放缓，便利店异军突起，购物中心成为大型业态的转型重点，自营业务在百货业中的比重提升，渠道下沉到三、四线城市，实体流通企业全面触网，流通企业收购兼并频繁，国家流通政策支持力度大并加以细化。认为将来流通业线上和线下的界限将更模糊，销售对象不再仅局限于商品本身，便利个性体验成为流通业的核心竞争力，流通业布局进一步郊区化、社区化和三、四线城市化，竞争力来源于连锁经营、大数据和供应链。2015年我国零售行业的增长速度远低于全社会消费品零售总额的增长速度，大部分百货企业的销售额和利润额双降，电商依然高速增长但增幅回落。赵萍（2015）认为购物中心快速发展，折扣店、便利店大行其道，物流行业发展迅速；伴随着零售业并购的频繁，开店和关店的数量众多，业态集聚分化明显；零售业跨行业发展趋势渐显，介入金融业务的现象渐多。2016年，以消费需求为导向、以顾客为中心、加快向流通业本质回归已成为实体流通企业的共识；实体流通企业的调整转型提速，电子商务创新将继续纵深推进，多元化跨界、特色化经营、更多方式触网、更多形态O2O推动线上线下融合发展进入实质性阶段，全渠道将成为线上线下流通企业的主流模式。

张武康、郭立宏（2015）认为，网络零售业态的采用是零售商应对市场竞争、获取竞争优势的重要途径，会对企业绩效产生影响。张武康、郭立宏（2015）以国内零售业72家上市公司2000—2012年报数据为样本，利用Wilcoxon秩和检验、Panal分析及T检验等方法，实证检验了国内零售企业网络零售业态引入对企业绩效的影响。研究发现，引入网络零售业态短期内对企业绩效会产生负面影响，并且采用单一实体业态的零售企业整体绩效表现仍然优于实体和网络业态并用的零售企业。

以上评价指标体系的研究对象和评价内容各不相同，分别从行业影响力、行业发展方式、流通力、现代化程度、竞争力、行业新特点等角度对中国商贸流通业的发展程度进行分析。相关文献或者只构建了相应的指标体系，没有进行评价分析；或者从某一方面对流通业进行评价，但没有从全国的角度对流通业的发展能力进行综合评价，因而不能清晰地体现出流通业的发展能力，也就无法为促进流通业的进一步发展提供可靠依据。

二、商贸流通业细分行业研究

（一）批发业研究

批发业在国民经济中具有重要地位。在改革开放过程中，批发业受到冲击比较大。

我国的批发业三十年改革历程如下：批发格局调整（1978—1991）。这一阶段由原来的"三固定"（固定供应区域、固定供应对象、固定作价范围）转换为"三多一少"，即"多种经济成分、多种经营方式、多条流通渠道、少环节"开放式的批发体制。第二阶段是现代批发企业制度建立（1992—1998）。十四届三中全会召开后，批发体制的改革中心转移到建立市场经济条件下的现代批发企业制度上面来，具体体现为提倡不同所有制企业的公平竞争，减轻国有商业负担，进行股份制改造，采取多种组织方式，国有批发企业进行功能再造，向多功能型转化（贸易、储运、融资等），向总代理和总经销转化、向物流中心转化、向综合商社转化，强化服务功能。第三阶段：批发业整顿重组（1999 至今）。这一阶段，生产企业、外资、零售连锁等企业以多种方式开展批发业务，涉足批发领域，中小型批发企业面临巨大压力。国有资本有选择地退出了批发领域，部分批发企业通过兼并、重组等实现了强强联合，对外资批发业管理也进入了规范阶段。批发业经营方式不断扩展，交易方式不断引入电子商务等先进技术（马龙龙，2009）。批发业依然存在较大空间，这与我国的基本国情：经济转型，扩大内需的需要；二元经济特征明显，需求分散；生产零售以中小型为主，组织化程度低；特殊行业发展需要等因素有关，国际经验也证明了这一点（马龙龙，2009）。

对批发业的研究分为三个阶段，20 世纪 30—60 年代，依附于区位论的批发业区位研究，流行用与批发贸易相关的指标来测量城市中心性；20 世纪 70—90 年代，对批发业区位进行专门研究，并对其形成机制的探讨程度加深；20 世纪 90 年代中期至今，研究批发业的空间优化，并与现代物流业紧密结合（Dennis，1984；潘裕娟，曹小曙，2014）。批发市场货流空间的研究、批发业交易功能与物流功能的空间分离关注较少，批发市场的空间演变及其形成机制的研究缺乏。

我国小生产、大流通的国情，使得批发市场和物流园区具有自身特色。我国对批发业研究起步较晚，主要集中在批发市场方面，批发市场通过分工机制和集群化发展，可产生组合优势和联动效应，提升批发市场总体交易能力，城市流通空间存在分化趋势，包括批零分化和虚实分化（石忆邵，2002；汤宇卿，2008）。批发市场的发展存在生命周期，随着其功能的衰退，许多国家的批发市场被展销会、超市和仓储超市、商业中心及无形批发市场所代替（洪涛，2000）。北京玩具批发市场、服装批发市场、农产品批发市场都能辐射到周边的河北、内蒙古、山西、山东等省区；从辐射强度上，距离北京由近到远递减（郭崇义，2010）。20世纪90年代北京商业经历了快速的近郊区扩散过程，21世纪以来，显现出远郊区扩散的趋势，但尚未进入典型的商业郊区化阶段，商业郊区化扩展区域差异显著（于伟等，2012）。我国农产品批发市场存在问题的根源在于对批发市场的性质和功能缺乏足够的认识。市场深化中我国农产品批发市场的发展可以走以信息导向为核心、以减少交易成本为基点的发展之路（祝合良，2004）。北京市要以经济手段为主导、以行政调控为辅助、以空间规划为依据，通过完善监管机制、提高运营成本、引导转型升级等综合性政策措施，推动中心城区批发市场升级和优化布局（张远，2013）。

（二）零售业研究

改革开放以来，我国的零售业的业态变迁比较大。改革开放之初的1978年到1991年是前百货商店时代。改革开放之初，大型百货商店没有成为流通规模扩展的主导，1984年开始出现了兴建百货商店的热潮。1992—1997年是百货商店的黄金时代。年销售额在10亿元以上的大型商城数量快速增加，部分百货公司还成功上市。1998年至今进入了超市主导的多元化时代，各种新的业态不断出现。

零售业理论研究。针对规模报酬的现有文献大都较少关注零售企业规模问题。利用柯布-道格拉斯生产函数，对2005年中国连锁协会对外公布的连锁超市数据进行分析，得出"连锁超市存在规模不经济的结论"（张衍，2009）。王先庆、武亮（2011）基于产业集聚测度相关理论，利用不变替代弹性生产函数（CES），得出广州市批发零售业呈现出集聚态势，整体行业处于规模报酬递增阶段，从2004年开始有持续上升趋势，但是这一集聚水平明显受到布局集聚经济和城市集聚经济的影响，而内部集聚经济影响不明显。特别地，Williamson等人的"复制与选择性干预不可能"假说集中于生产企业的垂直一体化，而没有考虑零售企业的连锁扩张，对于前者来说，复制只是一个理论假说，对于后者来说，复制却是产业现实。基于品牌和统一经营模式的分店扩张，以及基于现代信息技术的分店控制，是从理论上解释零售企业连锁复制的关键所在。樊秀峰（2006）认为零售企业水平一体化扩张的经济性来源主要在于共同管理的经济性；而共同管理经济性的获得在于供应链管理；基于供应链管理之上形成的扩张支撑力是决定零售企业水平一体化边界的关键因素。樊秀峰、严明义（2006）基于跨国零售企业性质与资源特征视角，分别运用逻辑推理方法、统计分析方法，分析了跨国零售企业与生产企业相比所具有的多重特殊性、海外市场各种进入模式的内在特性，认为，跨国零售企业母公司对子公司的高控制度追求，有其逻辑上的必然性；而具有高控制特征的独资模式是与零售企业性质与资源特征的最佳匹配。但由于其海外进入模式的具体选择是一个多目标的复杂决策，从而决定其高控制要求实现路径的多元性与特殊性。

零售业市场结构、绩效关系等研究。随着我国零售业的飞速发展，我国零售业的市场结构及其绩效也备受关注。为了充分揭示我国零售业的市场集中度及其效率，仲伟周、郭彬、彭晖（2012）通过选取我国零售业的相对市场集中度（CR）指数和赫芬达尔－赫希曼（HHI）指数，经计算得出我国零售业市场集中度呈现持续上升态势的结论。在此基础上，利用时间序列数据模型，对影响我国零售业市场集中度的因素作了实证分析。研究发现，我国零售业市场集中度受到期初集中度、规模经济、市场规模、外资进入等因素的影响显著，且与这些因素均呈现正相关，在这些因素的综合影响下，我国零售业市场集中度逐步提高；但2008年发生的国际金融危机导致我国零售业市场集中度下降。樊秀峰（2009）基于零售企业性质与资源特征视角，以邓宁的三优势模式为理论依据，运用规范分析与案例分析相结合的方法，系统分析了零售企业对外直接投资的决定因素，揭示了三优势模式之于跨国零售企业的特定内容，提出了跨国零售企业对外直接投资行为分析的一般理论框架。刘晓雪（2007）认为，近几年北京市批发零售业大、中、小型企业数量变动、商品销售额比例变动、财务指标变动和布局变动均呈现如下特点：大型和小型企业数量相对较多，中型企业数量相对较少且效益不理想，企业规模结构呈现哑铃状分布。哑铃状分布形成的理论解释是在交易效率提高的前提下，企业间专业化、企业内专业化程度提升使小型和大型企业得以发展；现实原因是大企业并购优质中型企业实现规模扩张，剩余中型企业因缺乏规模优势而发展不力，而小企业因经营灵活反而具有一定的生存空间。赵玻、陈阿兴（2009）认为，在零售市场，主导零售商的并购活动有助于提高价格并有效阻止顾客流失，获得市场势力：一方面，由于零售竞争的区域性，主导零售商并购关键店址资源形成产品差异化优势；另一方面，由于零售竞争的分散性，主导零售商能够在并购店铺成功实施掠夺性定价。

零售业企业效率评价、影响因素研究。零售（连锁）企业快速发展大多归因于规模、交易成本、专业化、品牌、统一经营、信息技术等要素。零售（连锁）企业由于简单重复劳动的"生产"特征，其基础在于管理标准化，管理标准化的实质是制度化的管理协调。管理标准化具有节约交易成本、强化组织学习能力、增加专用性投资和实现网络化、规模化的经济性质。闫星宇、王小佳（2011）以我国 15 家上市零售连锁企业为样本，通过对其在长三角地级市扩张的实证研究，表明零售商在选择扩张的目标城市时，依次考虑的是零售业发达程度、人力资本可获性、地理区位、消费能力与市场环境等因素，并提出从征地、税收等方面吸引零售商进驻，进一步完善道路交通、信息网络等基础设施的政策建议。陈金伟、张昊（2013）对近年来中国零售企业扩张行为的规模不经济问题进行了研究。基于 182 家零售企业构成的 5 年期平衡面板数据，分别使用蒙德拉克均值回归方式和数据包络—马姆奎斯特指数计算方法对规模经济的状态和变化趋势加以分析。结果表明，样本企业总体处于规模不经济状态，而专业零售的规模不经济状态比综合零售更为显著；零售业的规模经济需要结合零售企业的产品与服务特性加以考虑，否则，在给定的需求状况及结构下，零售企业的规模扩张行为会加剧其所处商圈环境中的竞争，进而对其产品销售与服务提供产生影响，这是产生规模不经济的主要原因。零售企业横向并购是增强了其市场势力，还是提高了其规模效率，对这一问题的不同解读，既会影响我国零售产业政策安排，也会影响我国零售企业发展的战略抉择。袁武聪、夏春玉、曹志来（2009）以上市零售公司为样本，研究发现：单店扩张和分店扩张是多数大型零售企业多年来普遍采取的扩张方式，单店扩张随着零售业的周期性发展而发生阶段性波动，分店扩张与新型业态的出现和连锁经营模式的成熟直接相关；大型零售企业对纵向一体化扩张和相关多元化扩张的投入相对较少，但能给企业带来丰厚的回报，同时，相关多元化扩张与购物中心业态的出现和发展直接相关；非相关多元化扩张是大型零售企业普遍热衷的扩张方式，而部分企业对非相关多元化业务的选择存在着投机的情况。樊秀峰、韩亚峰（2012）利用 2005—2011 年零售上市企业横向并购的面板数据，运用双向随机效应 GMM 估计方法，估计了上市公司并购前后的市场势力和规模弹性变化，从而对零售企业横向并购的"效率论"和"市场势力论"假说进行了实证检验，结果表明：在样本观察期内企业通过横向并购规模弹性有一定上升，但市场溢价能力却显著下降了；企业通过横向并购扩张有利于实现协同效应和规模经济，横向并购行为在短期内和长期内都有利于运营现金流收益率的增加。张武康、郭立宏（2015）认为，网络零售业态的采用是零售商应对市场竞争、获取竞争优势的重要途径，会对企业绩效产生影响。张武康、郭立宏（2015）以国内零售业 72 家上市公司 2000—2012 年报数据为样本，利用 Wilcoxon 秩和检验、Panal 分析及 T 检验等方法，实证检验了国内零售企业网络零售业态引入对企业绩效的影响。研究发现，引入网络零售业态短期内对企业绩效会产生负面影响，并且采用单一实体业态的零售企业整体绩效表现仍然优于实体和网络业态并用的零售企业。

基于沃尔玛的零售业研究。欧阳文和、李坚飞（2008）建立了一个标准化经济的模型，通过沃尔玛的分店数量与销售收入、销售费用、管理费用之间的相关性检测，证明了管理标准化是零售（连锁）企业扩张的微观基础。沃尔玛出色的经营绩效和巨大的行业影响，造成了所谓的"沃尔玛现象"。随着沃尔玛在中国扩张步伐的加快，越来越多的中国零售企业必须面临沃尔玛的直接竞争。李陈华（2009）依据中国66家零售上市公司的历史数据，选取营业额、营业额年均增长率及其变异系数、年均纯利润率及其变异系数等指标，构建上市公司成长性与盈利性测定模型，以沃尔玛为基准比较分析中国零售企业的成长性和盈利性，研究表明，中国零售企业在综合成长性和盈利性方面与沃尔玛的差距较大。在成长性方面，一些企业增长速度较快，但步伐不平稳，更多的企业是不仅增长速度慢，而且步伐不稳；在盈利性方面，将近1/2企业的年均纯利润率都比沃尔玛高，但很少有企业能够具有像沃尔玛那样的盈利稳定性。

（三）物流业研究

20世纪70年代以前，我国没有"物流"这一概念，在计划经济时期，商品的仓储、运输主要通过国家统一的商业批发、商业储运企业和运输业来完成。20世纪80年代，物流概念由日本引入我国，王之泰等学者做出了突出贡献。

张毅、刘维奇、李景峰（2011）采用共同前沿方法对32家上市物流公司2000—2009年的成本效率做了测算，并在此基础上考察了物流上市公司成本效率的收敛趋势和收敛方向。发现，物流上市公司的成本效率存在收敛趋势，但反映的是效率水平的退化；国内物流市场开放促进了物流企业成本效率水平向效率前沿的收敛。

孙前进（2012）从产业政策角度入手，从政策构成、政策体系的形成及演变、政策的基干、政策体系构成等四个角度，总结和梳理了日本现代流通政策体系的形成及演变情况，为市场经济国家发展完善科学、完整的流通政策体系提供了借鉴。

路红艳（2014）从主管机构权限、管理职能、管理的组织结构、辅助组织性质、管理制度完善程度等角度对中日流通管理体制差异进行了比较研究。作者认为，我国可以从构建适应"大流通"的"大部门"管理体制和"大批发"流通组织体系、建立健全法律法规和信用制度体系、推进流通企业混合所有制改革四个角度入手，推进国内流通体制改革。张毅、牛冲槐（2013）对20家上市物流公司2000—2009年间的成本效率做了测算，结果显示20家上市物流企业成本效率普遍较低。十年均值只有54.25%，还有近46%的提升空间。20家物流上市公司的成本效率在10年中存在收敛趋势，但收敛趋势反映的不是成本效率水平的普遍提高，却是效率水平的退化。但2005年12月物流市场开放促进了成本效率水平向效率前沿的收敛，且向前沿的收敛速度也得到提高。

曹小华（2012）发现：首先，以物流业上市公司为代表的行业市场结构呈现较激烈的竞争，但是市场中的前几家企业的市场占有率又体现出一些寡头垄断的特征；其次，以物流业上市公司为代表的行业市场绩效与市场结构存在显著的非线性关系，即市场绩效与市场集中度是正相关的，而与市场集中度的平方项是负相关的，这意味着市场结构处于适度的集中度（也就是适度竞争）的状况下，市场绩效最高，而处于低竞争（即过度垄断）或者过度竞争的情况下，物流业市场绩效会变差，市场效率会降低。在对物流业企业市场行为与企业市场绩效的关系及相关影响因素与市场绩效的相互关系分析中，研究发现，以物流业上市公司为代表的企业，尽管不同产权的企业（国有和民营）在绩效影响因素方面存在一些差别，但整体上来说有如下几点是共通的。首先，对于财务行为而言，债务杠杆率对企业市场绩效为负向效应，而其他的存货周转率、应收账款周转率以及资产周转率等变量都整体上促进了企业的市场绩效；其次，对于公司市场信息行为而言，尽管没有非常明显的效应，但是公司的波动性（或者说风险）还是较为显著地降低了企业的绩效；第三，公司治理角度而言，对于民营企业第一大股东持股较多的比例和增加董事会的次数体现了更好的市场绩效，而对于国有企业第一大股东持股较多的比例则体现了更差的市场绩效，为提升绩效应增加第二至第十大股东的持股比例，作为制衡第一大股东的力量。无论是对于国有控股还是民营控股，企业规模对企业绩效，一致表现为正显著，这意味着物流业的公司规模提高可以增进其绩效。

三、商贸流通企业特征研究

"复制和选择性干预不可能"，是威廉姆森关于企业规模边界的一个颇具权威性的命题，沃尔玛、家乐福等零售企业的不断扩张实践对此提出了质疑，现有企业理论不能很好地解释流通企业的问题（李陈华、柳思维；2005）。这与经济学的某种局限有关，现代企业理论对企业边界为何受到限制的分析大都归因于有限理性条件。这种局限的直接表现是经济学一直都将企业默认为生产企业，忽略流通企业的特殊属性，"工商合一""以工代商"（聂正安，2005）。李陈华、文启湘（2004）认为流通企业具有不同于生产企业的经济性质，其本质是交易的专业化生产者（或提供者）；信息技术提高市场交易效率，推动流通产业发展，同时也提高企业管理和控制效率，使流通企业比生产企业更容易利用品牌和统一经营模式进行"复制"和"选择性干预"，实现分店扩张。流通企业产生的经济根源在于分工（专业化利益）与交换（交易成本）的两难冲突，其经济性质在于通过专业化交易降低交易成本。经济性质差异导致流通企业在技术性质、规模约束以及规模扩张模式等方面都与生产企业大不相同，流通企业规模受本地市场容量的限制，因此必须采取分店扩张模式（李陈华、柳思维；2005）。

基于规模经济假设，有观点认为，组建大型流通企业集团是应对国际流通业巨头"蚕食"中国市场的有效药方，具有一定规模的流通企业集团可与抢先实施成本领先战略的世界流通巨头一比高低。肖赞军、文启湘（2007）认为这一观点并不现实，流通企业能否实现规模经济依赖于其在规模扩张中凝聚的核心竞争力，中国流通企业规模化的可行路径是——在规模化过程中形成一定的核心竞争力。

姚瑶、左斌（2012）认为，与国外的世界500强生产资料流通企业相比，我国企业在经营业绩、战略基础、国际化程度、产业链地位等方面具有明显不足。我国流通业将处于从传统走向现代的冲刺阶段，流通体制处于市场化改革的攻坚阶段。

周广为（2015）选取宏观税负、边际税负、税收增额贡献率、税收协调系数四个指标，定量分析了我国商贸流通业的税负水平。结果显示，商贸流通业两大细分行业的税负水平存在较大不平衡性，批发和零售业税负过重，而物流业税负较低，细分行业税收增长对整体税收的贡献也存在差异。

曹小华（2012）发现：一是经济增长显著地影响了物流业的行业绩效，但是反向关系并不成立；二是在全国宏观数据、31个省市地区的面板模型和广东省个案的分析中，研究发现经济增长、金融发展以及投资（社会资本存量）对物流业绩效发展起到了显著的促进作用。研究还发现我国东部地区物流行业的发展最为迅速、绩效最高，中部地区则次之。在研究物流业发展能力及趋势时，从物流业供给、物流业规模、固定资产、人力资源、管理及服务水平、信息化水平、设备利用率七个方面构建我国物流行业发展能力指标评价体系的框架。基于此指标体系，作者发现，在样本期间之内，代表发展能力和发展趋势的总分值呈现平稳增长的趋势，并且增速也在进一步扩大，这意味着物流业未来的发展趋势是可持续的，其发展能力在逐步提升。陈宇峰、章武滨（2015）发现，对外开放程度显著地影响效率水平，而且是正向提升效率的；产业结构对效率存在正向的影响作用；资本存量和政府财政支出比重对流通效率存在负向的影响作用；市场化程度越高效率亦随之提高；城市化水平对效率也有显著的促进作用。

黄国雄、刘玉奇、王强（2009）指出，总结中国商贸流通业60年的发展，特别是研究改革开放前后30年的转变和成就，对于理论和实践都具有重要的参考意义。前30年商贸流通业的发展，"流通无用论"指导了短缺经济条件下产品的计划分配机制，完成了"一改""两统""三保证"的历史任务；后30年商贸流通业的发展，流通基础理论的突破，明晰了市场经济条件下商品的市场竞争机制，实现了"三突破""十转变""三创新"和一个"全面开放"。

四、企业发展指数研究

美国《财富》杂志自1955年开始每年按照"年销售额"公布全美500强企业名单。一定意义上讲，该指标是企业指数单一却较为直观的反映形式。

指数这一概念广泛应用于社会学、经济学等领域。广义上讲，指数是一个相对概念，是任何两个数值的比值，用于反映简单现象总体或复杂现象总体数量变动的相对情况；狭义上讲，其是用于测定项目综合变动的一种相对数，用于不能直接相加的复杂总体数量变动的相对情况。就其在社会经济领域的应用而言，其最早产生18世纪中叶，用于反映物价变动情况；随着研究手段和研究领域的深入发展，其逐渐从消费、生产等传统环节向宏观和微观层面双向拓展，家族成员也不断壮大，反映事物状态或趋势的能力持续增强，如价格指数、企业发展指数、行业发展指数、经济发展景气指数等。一般而言，指数的编制往往以科学的方法为基础，目的是反映社会、经济等事项综合发展水平，分析判断其影响因素或对其发展趋势进行预测。相较于个别指标而言，指数往往具有相对性、综合性、可比性、简便性、直观性等特点，因而应用领域十分广阔。

发展指数是衡量某一领域、行业或区域发展程度的数据标准，反映事物的发展水平或变化趋势。最具影响力的发展指数是联合国开发计划署1990年起对外发布的人类发展指数（HDI），用于衡量和比较世界各国（地区）人文发展水平。

企业发展指数，顾名思义，是用于反映企业运行状况的综合指数，通过指数的测定，不仅能够反映企业当前的发展状态，还能够对影响企业运行状况的因素进行分析，从而判断企业发展的优劣势，进而为提升企业发展绩效提供指导。

中小企业发展指数（SMEDI）是国内最著名的企业发展指数之一，该指数的调查由中国中小企业协会主持，国家统计局中国经济景气监测中心提供技术支持，北京华通人商用信息有限公司负责组织实施。该指数以国民经济八大行业中的中小企业为调查对象，通过宏观经济感受指数、企业综合经营指数、市场指数、成本指数、资金指数、投入指数、效益指数、劳动力指数等八个分项指标，综合反映中小企业经济运行状况。

中国中小企业经济发展指数课题组（2008）从制度环境、企业治理、市场组织、财务实力四方面建立了中小企业经济发展指数。张涛等（2010）基于5000户企业问卷调查数据，编制了企业存货指数。

王作春等（2005）以国内上市公司公开的财务数据为基础，通过推算的方式获取个体存货景气指数，再以加权的方式对各行业存货指数进行汇总，进而获得总体存货景气指数。

戴斌、秦宇等（2008），基于2002—2006年我国旅游业上市公司时间序列数据，利用均值法和差分法，构建旅游业上市公司发展指数，并对行业内企业指数得分情况进行了对比分析。

马珩、孙宁（2011）为避免主成分分析法在指标取舍时的不可控性，给予一级指标体系相同权重，利用指数功效函数法构建中国制造业发展指数。

耿松涛（2012年）利用Malmquist指数分析法，探讨了20家中国旅游上市公司2004—2009年的全要素生产率，并据此对企业的全要素生产率进行了排名。较之于DEA（数据包络分析法）方法，Malmquist指数分析法将时间维度引入模型，分析结果更加稳健。具体分析，文章指数测算的投入变量包括总资产、财务费用、销售费用和管理费用，产出变量包括营业日收入和纯利润。

刘中艳、王捷二等（2013）利用主成分分析法和聚类分析法，编制旅游饭店业服务经济水平指数，并对其影响因素进行分析，较好地揭示了饭店服务经济指标体系的结构，反映了饭店服务经济发展水平与区域经济、旅游经济之间的关系。

徐国祥、郑雯（2013）利用SVAR模型，确定利率、汇率、股票价格、社会融资规模等变量权重、构建我国金融状况指标体系；利用谱分析方法，研究该指标与宏观经济指标的相关性和耦合震荡周期。

王迪、张红等（2014）以董事会规模、董事会会议频率、前三名董事薪酬、独立董事比例、执行董事比例等指标为变量，利用主成分分析法，对旅游上市公司董事会治理对企业经营绩效的影响进行测度，从而为完善公司治理之董事会治理提供了指导。

韩德宗等（2001）以批发和零售贸易类上市公司2000年度数据为基础，

从贸易类上市公司股本数、总资产、主营收入增长率等指标入手衡量企业规模；从每股平均收益率、平均净利润、平均净资产收益率等指标入手衡量企业盈利能力；从每股经营性现金流量、存货周转率、总资产周转率等指标入手衡量企业经营能力。各项指标显示，贸易类上市公司各项指标显著优于行业平均水平。通过横向数据比较，作者从规模效应、物流配送中心的作用、网点布置与物流支持等角度，分析了批发和零售行业步入连锁经营时代的原因。

丁杰、王卓等（2013）利用数据包络分析法（DEA）和超效率DEA方法对2009—2012年23家批发零售上市企业的投入指标和产出指标建立系统性分析模型，从而对企业绩效进行评价。具体来看，文章选取的5项投入指标包括流动资产、主营业务成本、固定资产净额、应付职工薪酬、管理费用；2项产出指标包括主营业务投入、净利润。

得益于统计工具的进步和指数研究的深入，越来越多的学者将这一方法应用到社会经济领域。均值法和差分法、主成分分析法、Malmquist指数分析法和聚类分析法等统计方法的应用，将国内对社会科学的研究引向深入。

部分学者将这一方法应用到商贸流通企业的研究中，将国内对商贸流通业的研究引向深入，积累了一定研究成果，如韩德宗等（2001）对批发和零售行业步入连锁经营时代原因的分析，丁杰、王卓等（2013）对批发零售上市企业投入产出指标的系统分析等，为国内外学者开展后续研究提供了经验借鉴。尽管如此，国内对该领域的研究仍存在如下几个方面的问题：

研究对象方面。国内对商贸流通业上市公司发展指数的研究主要集中在对批发业、零售行业或物流业企业的子行业企业研究上，缺乏对三个子行业的整体研究，因而研究也就缺乏系统性或整体性。

研究方法方面。主客观综合赋权法可以更好反映从业者、管理人员、行业专家或学者的意见，但具有较强的主观性，因此很难客观反映选取指标在指标体系中的实际贡献；数据包络分析法对数据的分析处理相对客观，对因子贡献率的测定比较准确，但现有研究成果中对数据包络分析法的应用在指标选取上同样不够全面。

研究结果方面。现有的研究成果在指数变化发展趋势、行业比较研究等方面存在不足或缺乏，因而在应用方面，其指导性大打折扣；从时效性来看，对企业发展指数的近期研究较少，往期数据的应用难以及时、有效反映宏观经济形势或技术因素对企业发展的影响。

第三节　本书研究结构

本研究重点是商贸流通上市公司发展指数模型的构建，难点是发展状况分类阈值的确定，准备采用信息熵最小化方法对发展指数进行分类。本课题的基本观点如下：

从统计理论的角度来看，一个经济体中的所有微观企业构成了其宏观经济主体中的企业，然而，由于非上市公司不需要公开披露财务报表，有关财务数据难以获得，故样本初选范围为境内上市公司；同时，考虑到新旧会计准则下部分报表项目的内涵并不持续可比，而且2006年以前的上市公司数量相对较少，因此，本研究以2007年12月31日前在上海证券交易所及深圳证券交易所公开上市的商贸流通业企业，各年度样本量保持一致，数据的时间跨度为2007—2012年。为了进行趋势分析，指数编制以2007年作为基期，基点设为100，据此构建发展指数并进行分析、分类及预警。

第二章　我国商贸流通业行业发展概况

第一节　商贸流通业行业地位分析

一、商贸流通业在经济中占据重要地位

第三次经济普查显示，2013年年末，在第二产业和第三产业法人单位中，批发和零售业法人数量位居所属行业首位，共有281.1万个，占总体的25.9%；在有证照个体经营户中，批发和零售业位居第一，总数共1642.7万个，占总体的50.1%；交通运输、仓储和邮政业居其次，其数量为878.6万个，占总体的26.8%。在法人单位从业人员中，位居前三位的行业是：制造业12515.1万人，占35.2%；建筑业5320.6万人，占14.9%；而批发和零售业3315万人，占9.3%。2013年末，全国共有第二产业和第三产业的小微企业法人单位785万个，其中，批发业169.8万个，位居第二，占总数的20.7%；零售业103.1万个，位居第三，占总体的12.6%。从以上数据可以看出，无论是从企业数量抑或是从业人员数量上，流通行业都已经占据主要部分。

流通行业的发展及其作用是国内外学术界共同关注的问题。我国是人口大国，国内贸易的发展、流通行业的壮大及效率的提升，不仅关系到居民的生活保障，同时也是扩大内需、拉动经济增长的重要基础。流通行业的发展对整个商品市场的培育和完善有着至关重要的作用。流通业已经成为国民经济的基础产业（黄国雄，2005；宋则，2008；洪涛，2011）和先导产业（吴忠宝，王晓东，2008；黄国雄，2010；丁俊发，2011）。所以，大力发展流通行业能够显著地促进经济增长，促进社会分工，增加社会就业，推动制造业结构调整以及制造业的产业结构升级，保障国民经济顺利运行。

二、商贸流通业的重要作用具有长期性

我国流通产业历次改革都为国内商品市场的培育做出了基础性的贡献。流通产业在整体层面经过三次改革：第一次是将"一二三零"购销体系模式转变为多渠道、多元化的商品流通格局，使得流通渠道得以通畅，价格得以反映，供求关系得以调整。第二次是以批发市场的建设和国有商业企业改革为基础探索现代流通的发展，使我国商品流通得以数量上的扩张。第三次为加入WTO以

后，我国流通业全面开放，外资进入流通行业，使得我国流通业机遇与挑战并存（王晓东，2012）。

第二节　商贸流通业行业发展的环境分析

一、我国宏观经济运行情况

过去三十多年，我国经济持续较快发展，经济总量现已稳居世界第二位，2015 年，人均国内生产总值增至 49351 元（折合 7924 美元），第三产业增加值占国内生产总值比重达到 50.5%，超过第二产业，居民消费率不断提高。这为我国商贸流通业发展奠定了基础。

"十三五"时期是全面建成小康社会的决胜阶段。我国"十三五"宏观经济社会发展理念是创新、协调、绿色、开放、共享，主要目标包括：经济保持中高速增长、创新驱动发展成效显著、发展协调性明显增强、消费对经济增长贡献继续加大、投资效率和企业效率明显上升、人民生活水平和质量普遍提高等。这为商贸流通行业发展提供了巨大空间。

二、商贸流通业行业发展的政策环境

2013 年 11 月 12 日，党的十八届三中全会通过了《中共中央关于全面深化改革若干重大问题的决定》（简称《决定》），将党的十五大提出的市场在国家宏观调控下对资源配置起"基础性作用"，修改为"决定性作用"——建设统一开放、竞争有序的市场体系，是使市场在资源配置中起决定性作用的基础。《中华人民共和国国民经济和社会发展第十三个五年规划纲要》指出：加快形成统一开放、竞争有序的市场体系，建立公平竞争保障机制，打破地域分割和行业垄断，着力清除市场壁垒，促进商品和要素自由有序流动、平等交换。清理和废除妨碍统一市场和公平竞争的各种规定和做法。健全竞争政策，完善市场竞争规则，实施公平竞争审查制度。放宽市场准入，健全市场退出机制。健全统一规范、权责明确、公正高效、法治保障的市场监管和反垄断执法体系。严格产品质量、安全生产、能源消耗、环境损害的强制性标准，建立健全市场主体行为规则和监管办法。健全社会化监管机制，畅通投诉举报渠道。强化互联

网交易监管。严厉打击制假售假行为。深化流通体制改革，促进流通信息化、标准化、集约化，推动传统商业加速向现代流通转型升级。加强物流基础设施建设，大力发展第三方物流和绿色物流、冷链物流、城乡配送。实施高技术服务业创新工程。引导生产企业加快服务环节专业化分离和外包。建立与国际接轨的生产性服务业标准体系，提高国际化水平。扩大商贸物流等领域开放，开展服务业扩大开放综合试点。统一市场的建立是完善现代市场经济的重要保证，也是突出表现之一。但是，不得不承认我国地区分割依然存在，统一市场发育依然缓慢（王晓东等，2009）。

2009年3月，国务院《物流业调整和振兴规划》提出，以先进技术为支撑，以物流一体化和信息化为主线，积极营造有利于物流业发展的政策环境，加快发展现代物流业，建立现代物流服务体系，以促进国民经济相关产业的发展。

2011年3月，商务部、发展改革委、供销总社出台《商贸物流发展专项规划》（商商贸发［2011］67号），提出建立一套与商贸服务业发展相适应的高效通畅、协调配套、绿色环保的现代商贸物流服务体系，形成城市配送、城际配送、农村配送有效衔接，国内外市场相互贯通的商贸物流网络，引导和培育一批能够适应商贸服务业发展需要，具有较强国际竞争力的商贸物流服务主体。

国家发改委《农产品冷链物流发展规划》（发改经贸［2010］1304号），提出至2015年要建成一批效率高、规模大、技术新的跨区域冷链物流配送中心，形成一批具有较强资源整合能力和国际竞争力的核心冷链物流企业，初步建成布局合理、设施先进、上下游衔接、功能完善、管理规范、标准健全的农产品冷链物流服务体系。

2011年8月，国务院颁发了《关于促进物流业健康发展政策措施的意见》，提出了9项措施：切实减轻物流企业税收负担，加大对物流业的土地政策支持力度，促进物流车辆便利通行，要加快物流管理体制改革，鼓励整合物流设施资源，推进物流技术创新和应用，加大对物流业的投入，优先发展农产品物流业及加强组织协调等，即物流"国九条"。

2012年中央一号文件《关于加快推进农业科技创新持续增强农产品供给保障能力的若干意见》，提出提高市场流通效率，切实保障农产品稳定均衡供给。

2012年9月，国务院办公厅印发了《国内贸易发展"十二五"规划》（国办发［2012］47号）。这是改革开放以来第一部国家级内贸规划，明确了国内贸易的重要地位，提出了国内贸易发展目标和战略重点。其中，发展规划（各级内贸"十二五"规划）依据国家或地方的国民经济和社会发展五年规划纲要制订，以促进全国或某一区域内总体发展为主要目标，主要阐明国内贸易发战略，提出发展政策导向，明确政府工作重点，引导市场主体行为，是内贸规划工作的统领。

2012年12月，商务部印发《关于促进仓储业转型升级的指导意见》（商流通发〔2012〕435号），引导仓储业由传统仓储中心向多功能、一体化的综合物流服务商转变，提出了五年物流仓储业效率提升目标。

2015年5月25日，商务部等10部门根据党的十八大、十八届三中全会、十八届四中全会精神和《国务院关于深化流通体制改革加快流通产业发展的意见》（国发〔2012〕39号），联合印发了《全国流通节点城市布局规划（2015—2020年）》，目的是加快构建全国骨干流通网络，努力提升流通节点城市功能，更好发挥流通产业的基础性和先导性作用，进一步释放消费潜力。流通节点城市是指经济规模和商品流通量较大，商流、物流、资金流和信息流高度汇集，具有较强集聚、辐射等功能，在流通网络中处于枢纽地位的城市。合理确定并加快培育流通节点城市，对于构建全国骨干流通网络，完善现代市场体系，促进国民经济运行效率和质量提升具有重要意义。

2015年8月19日国务院总理李克强主持召开国务院常务会议，部署发展现代流通业建设法治化营商环境。会议要点：做强现代流通业这个国民经济大产业，可以更好对接生产和消费，促进结构优化和发展方式转变。创新流通领域市场监管，推行企业产品质量承诺制度，以农产品、食品、药品等对消费者生命健康有较大影响的商品为重点，建立来源可追、去向可查、责任可究的全程追溯体系。完善流通设施建设管理，对公益性农产品批发市场等创新投资、运营机制，优先保障农贸市场、社区菜市场、再生资源回收等微利经营设施用地需求，鼓励社会力量参与投资。

国务院办公厅2015年9月29日发布《关于推进线上线下互动加快商贸流通创新发展转型升级的意见》。政策要点包括：转变物流业发展方式。运用互联网技术大力推进物流标准化，重点推进快递包裹、托盘、技术接口、运输车辆标准化，推进信息共享和互联互通，促进多式联运发展。大力发展智慧物流，运用北斗导航、大数据、物联网等技术，构建智能化物流通道网络，建设智能化仓储体系和配送系统。发挥互联网平台实时、高效、精准的优势，对线下运输车辆、仓储等资源进行合理调配、整合利用，提高物流资源使用效率，实现运输工具和货物的实时跟踪和在线化、可视化管理，鼓励依托互联网平台的"无车承运人"发展。推广城市共同配送模式，支持物流综合信息服务平台建设。鼓励企业在出口重点国家建设海外仓，推进跨境电子商务发展。其涉及部门包括发展改革委、商务部、交通运输部、邮政局、国家标准委等。

国务院办公厅2015年11月22日发布《关于加快发展生活性服务业促进

消费结构升级的指导意见》。政策要点包括：优化城市流通网络，畅通农村商贸渠道，加强现代批发零售服务体系建设。合理规划城乡流通基础设施布局，鼓励发展商贸综合服务中心、农产品批发市场、集贸市场以及重要商品储备设施、大型物流（仓储）配送中心、农村邮政物流设施、快件集散中心、农产品冷链物流设施。

2016年3月，商务部、发改委、交通运输部等六部委发布《全国电子商务物流发展专项规划（2016—2020）》，认为随着电子商务的快速发展，电商物流保持较快增长，企业主体多元化发展、经营模式不断创新、服务能力显著提升。电商企业的加入，为商贸流通业的发展注入新的活力；新的市场主体的出现对行业竞争格局、经营模式、服务能力等各个方面均产生深刻影响。

三、国外商贸流通行业的发展及启示

（一）日本商贸流通行业研究

谢莉娟（2012）指出，工业品流通体系存在"大批发小零售"的日本模式与"大零售小批发"的美国模式。美国模式与日本模式的形成都与其工业品流通的系统环境存在密切关系。张沈清（2009）指出，日本流通产业系统的运行和管理具有其独特性。二战后日本为达到赶超欧美的战略目标，政府进一步加强了对流通领域经济活动的干预，尽管不同的法规政策所要达到的具体目标不同，但都是围绕着一个总目标，即通过政府权力介入流通领域，维护市场经济秩序，扶植中小企业，进而提高流通企业的效率，促进流通产业的现代化。

张岩（2006）指出，第二次世界大战后，日本流通领域发生了两次重大变革，被称为"流通革命"。第一次"流通革命"发生在经济高速增长期，以超市的兴起、发展和厂商的流通系列化为主要内容，主要解决了流通部门与大批量生产体制、大规模消费不适应的问题。此次变革确立了战后日本现代流通体制和流通部门在国民经济中的重要地位。第二次"流通革命"发生在日本经济成熟化、世界经济全球化和信息技术革命时期，不仅包括流通部门或流通机构的变革，也包括流通行政管理制度的大变革，是流通体制变革的综合反映，被认为是日本历史上最深刻的变革。

孙明贵（2003）指出，20世纪90年代以后日本流通业进入激烈变革时期，这种变革是二战以来的第二次流通革命。流通革命改变了日本流通体系和结构，流通企业和生产企业之间的重组日益流行，流通运营方式正在发生变化。文章认为导致日本流通革命的原因主要表现在价格破坏、定价体制改变、进口增加、购买方式变化、流通自由化、产销同盟和信息化等方面。

孙前进（2012）指出，日本国内商品流通政策是随着日本经济发展，尤其是流通业发展而不断调整的，包括商业流通政策和物流政策两大部分。第二次世界大战后，日本的流通政策经历了6个发展阶段，以颁布法律法规、撰写中间报告、行政指导等多种形式维护与促进竞争，推动流通业发展。

日本流通行业的一个主要特点是批发行业比较发达，沃尔玛败走日本的一个重要原因是不适应日本较为强势的批发业。张沈清（2009）指出，日本的流通业是以批发业为中心的流通体制，批发商具有较高的集散商品的能力和效率，能够节约社会劳动，节省流通费用，在流通中占有重要的地位。但20世纪90年代以来，日本批发业的发展遇到了较大的困难，经营规模和商店数量都呈下降趋势，日本批发业无论是在行业规模、就业人数、年销售额方面，还是在人均作业效率方面，日本的批发业都呈现不断下降的趋势，面临愈加严峻的挑战。为了应对挑战，日本批发商进行了变革，甚至兼并重组，相应职能也发生了变化，如开发更适合零售业态的批发机能，建立低费用的经营系统，提供更多的零售支援活动，参与零售业的直接经营等。

日本的零售业态随着社会经济的发展不断发生着变化：新的业态形式不断出现，零售业整体上向着大规模化、综合化、信息化和国际化方向发展。日本零售业固有的一些特点，如过度零细化、渠道冗长等，尽管在某种程度上仍然制约着零售业的快速发展，但目前已经有了不小的改变。张沈清（2009）指出，日本的流通产业一直存在渠道长、环节多、企业经营规模小的特点，其分销体系以制造商为主导。为维护分销商的忠诚，制造商采取让利、退货制、信用延期等手段对分销商进行激励，日本国内的产销之间形成一种稳定、紧密的合作关系，相当于一种非贸易壁垒。尽管日本的流通体系受到来自世界各国的压力，但这种体系客观上还是对日本流通业自身的发展起到了重要的保护作用，促进了日本流通业的良性发展。战后日本流通体制的演进与日本经济的发展进程密不可分，具体可分为：从战后到60年代初以保护中小企业为中心的时期；从60年代初期到70年代初以流通近代化和贸易自由化为中心的时期；从70年代初期到80年代中期的《大店法》的困惑时期；80年代中期以后扩大对外开放的时期；进入新世纪后以环境友好型绿色流通为中心的发展时期。日本流通业的发展具有如下特点：一是从过度保护到逐步开放；二是流通业中的传统与现代并存；三是复杂与独特的流通体制和渠道；四是对国外流通更加重视；五是高龄化、少子化社会带来了流通业的变革；六是品牌、特色的保存和发扬。

刘庆林（2004）指出，引发日本第一次流通革命的主要原因是1955年前后作为新兴流通业态的超市的大量出现。超市虽然在美国出现较早，但是在50

年代以前还没有全面进入日本。超市具有无人销售、自助服务、品种齐全、价格低廉和大量销售的流通特点。日本传统的零售方式主要是百货商店和小型的家庭式食品杂货商店。与超市相比，这些传统方式的不足暴露无遗，于是超市引发了日本战后第一次流通革命，这次流通革命带有"销售革命"的特点。引起第一次流通革命的另一个原因是流通路线和流通机构的变革。20世纪60年代，日本进入经济起飞阶段，制造商、批发商和零售商普遍面临一个如何应对大规模生产和大规模消费的问题。但是，传统的流通结构存在不合理性、流通体系过于封闭、流通渠道过长等问题，严重制约了流通效率的提高，不能适应经济高速成长的要求，由此直接导致了流通系统的变革。日本流通行业近期的发展，如以新近在日本发展非常迅速的零售业态"直卖所"为例，这种以销售农产品为主的零售业态改变了生产和消费的沟通方式，缩短了农产品的流通渠道，使生产者和消费者实现了真正意义上的双赢。

（二）日本物流政策梳理及给我国的启示

日本作为我国的近邻，其物流业的发展比我国早起步近二十年，这几年更是发展迅速。我国"物流"一词最早就是从日本引入进来的，日本政府非常重视物流业的发展，在该国现代化物流建设的过程中，政府始终起着重要的指导和引导作用。表2-1是日本一些比较重要的物流政策，由于涉及物流管理的各方面，内容较多，本文只选择了其中一些与物流成本核算有关以及对日本物流业发展有重大影响的政策进行列示，并重点对不同版《综合物流施政大纲》的目标进行了对比。从表2-1中可以看出，自1997年颁布第一版《综合物流施政大纲》开始，日本政府每四年都会根据前一个大纲实施时出现的问题和物流业发展中面临的新挑战进行相应的调整。

表2-1 日本重大物流政策

时间	政策	目标
1977年	《物流成本计算统一基准》	物流成本计算标准
1990年	《货物自动车运送事业法》《货物运送经营事业法》	规范物流运输内容
1992年	《物流成本计算活用指南》	普及物流成本核算
1997年	《综合物流施政大纲》	提供最便利和最具竞争力的物流服务；以不影响产业竞争力的物流成本提供优质的物流服务；建立能够应对与物流相关的能源、环境、交通安全问题等的物流系统。

续表

时间	政策	目标
2001年	《新综合物流施政大纲》	构建一个高度且整体有效率与日本经济社会相适应的新的物流系统；建立一个具有国际竞争力的物流市场；创建一个能够减轻环境负荷的物流体系和循环型社会。
2005年	《物流效率化新法》	提高物流效率
2005年	《综合物流施政大纲》	建立低成本、快捷、无缝的国内国际一体化的物流系统；建立绿色与环境融洽的环保型物流系统；建设重视需求方的高效物流体系；建设确保国民生活安全安定的物流体系。
2009年	《综合物流施政大纲》	实现支持全球化供应链的高效物流系统；实现减少环境污染的绿色物流系统；实现安全可靠的物流系统。
2013年	《综合物流施政大纲》	致力于构建支撑产业活动与国民生活的高效物流体系；致力于进一步降低环境压力；致力于建立安全、安心的物流体系。

日本政府近几年除了不断修订《综合物流施政大纲》外，也有不少配套的政策出台，如物流园区规划方面的《物流据点整体状态的规划设计》，交通运输方面的《铁路建设法》等，这些政策法律极大地保障了日本物流业的快速发展，对我国物流政策的制定与实施有着重要的启示作用。

制定适合物流发展的战略。从不断调整的《综合物流施政大纲》中可以看出，日本政府一直致力于站在一定的高度、前瞻性地制定适合本国物流发展的战略，提出物流业的发展目标。从第一版大纲提出要提供优质的物流服务、构建能应对各种问题的物流体系到后来变为强调要构建环保、高效和安全的物流体系，都是随着国内外情况不断变化而不断调整物流发展的战略方向。只有制定了合适的战略，才能更好地为物流业的发展指明方向。

完善各种与物流相关的法律政策。日本政府不断完善与物流相关的各种法律和政策，既包括综合性的法律政策，也包括具体不同层面的法律政策，如网络信息技术方面的《日本高度信息网络社会形成基本法》，以及环保方面的《能源保护和促进回收法》《建筑材料再生利用法》等等，通过完善的法律政策体系，形成良好的政策环境，推动和保障物流的快速与良性发展。

积极推进物流标准化的建设。日本对物流标准化建设非常重视，大力推行实施标准化，并注重与国际接轨，便于物流业参与到国际竞争中去。在日本现有的标准体系中，与物流相关的标准约有400余条，其中信息方面的标准最多，高达302条，仓储方面的38条，运输方面的24条，包装方面的29条，配送方面的20条，有关流通的4条。

大力发展第三方物流。为了更好地整合物流流程和优化物流资源，第三方物流应运而生。它从消费者的立场出发设计出最佳的物流路线和方式，帮助企业提高物流效率，降低物流成本。基于社会和企业对改进物流的需要，日本政府大力发展第三方物流，使企业使用第三方物流服务的比例大幅增加，对降低社会物流费用和企业物流成本发挥了重要的作用。

注重物流政策的落实与反馈。日本政府对日本物流政策执行落实情况的监督，是以追踪调查的形式来完成的，这种调查由政策的制定者组织实施，需要提交调查报告，并向社会公开。一般情况下，政策制定者每年都要提交一份报告，在报告里要对政策的落实情况和实施后果进行总结，并可以提出调整建议。此外，在政策执行的监督体系中，各种民间组织和新闻舆论机构也是参与者，发挥着重要作用。

（三）美国物流政策梳理及对我国的启示

由于美国推崇自由经济，政府尽量减少对经济运行的干预。20世纪后半期，市场经济的发展，为美国物流业的快速发展迎来了带来了机遇。但是，当时美国物价飞涨，使得企业的大仓库大库存方案遇到了极大的困难。因此，美国物流业不得不进行反思，并对国内的物流系统进行大规模、全方位的改良完善。与此同时，政府也加大了对物流业的支持力度，给予相当优惠的政策，推动行业发展，如放宽对物流运输的约束，取消一些运输环节中冗杂的审批工作和制度束缚，积极激励企业进行行业竞争以促进运输效率等等，大大降低了物流运输成本。

表2-2 美国重大物流政策

时间	政策
1966年	《航空规制缓和条例》
1980年	《汽车承运人规章制度改革和现代化法案》
1980年	《琼斯塔格斯铁路法》
1984年	去除或修改了《航运条款》中不利于市场竞争的因素
1991年	《多式联运法》
90年代	《协议费率法》
90年代	《机场航道通道改善法》
90年代	《卡车运输行业规章制度改革方案》
1998年	《1998航运改革法》

一定程度上，上述法律政策改革降低了国家对运输业的约束和控制作用，对自由化市场的建立推了一把力，对美国运输能力的综合性发展起到了不可估量的作用。

从表2-3可以看出，美国的物流费用总体平稳，近十年来无太大变化，在

GDP 所占比重也比较稳定，始终保持在 10% 以下，将这一数据与我国相关数据对比，可以看出我国与发达国家在物流发展水平上还存在着相当大的差距。美国的物流政策长期比较稳定，对物流业的发展有着较好的支持作用。

纵观美国物流业发展历程，不难看到，美国政府的物流政策发挥了非常巨大的促进作用。综合美国物流业的发展经验，结合我国物流业发展的实际情况，可以得出以下经验借鉴。

表 2-3　美国近年来物流费用一览表

年份	占 GDP 比重（%）
2005	9.52
2006	9.74
2007	9.93
2008	9.37
2009	7.78
2010	8.27
2011	8.50

减少约束，促进物流的现代化和开放化。美国对物流行业的制度限制进行了修改，使得国家对运输业的干预和束缚相对减少；在行业税收方面给予优惠和支持，打破行业垄断及地区封锁，使得市场更加开放，多元化的物流合作得到开展，现代物流业得到快速发展。

统一标准，加强监控。统一物流标准不仅有益于不同区域物流市场的无缝衔接，还有益于指标体系的规范。合理、标准、健全的指标体系是了解国家物流动态发展的关键，也是国家开展物流政策策划的重要依据。

根据本国国情建立物流体制。美国政府的职能部门分工明确，物流业的各个部门各司其职，谨慎监督。政府部门的有效执法离不开全面、严谨的法律法规，离不开优秀先进物流文化的推广，也离不开物流知识和技术的创新与传播。

重视人才培养。物流的发展既离不开运输、存储、包装、加工等先进技术，也离不开信息开发等专业技能，因此，要满足行业发展的需要，具有专业技能和知识的人才是必不可少的生产要素。所以，重视人才的培养，结合市场需要创建物流人才基地，对物流人才进行专业性教育和培训，是促进现代物流业健康快速发展的重要手段。

加强基础设施的建设。美国的航运、水运、铁路、管道等交运设施在世界上可谓首屈一指，拥有世界上最发达的交通运输系统，这也是美国物流业发达的一个重要原因。物流涉及国民经济的方方面面，无论哪个产业都离不开，交通运输等基础设施的建设是物流业乃至国家发展壮大的重要条件，因此，完善基础设施建设必不可少。

四、"十三五"我国商贸流通业发展规划

《中华人民共和国国民经济和社会发展第十三个五年规划纲要》，简称《"十三五"规划（2016—2020年）》，规划纲要依据《中共中央关于制定国民经济和社会发展第十三个五年规划的建议》编制，主要阐明国家战略意图，明确政府工作重点，引导市场主体行为，是2016—2020年中国经济社会发展的宏伟蓝图，是各族人民共同的行动纲领，是政府履行经济调节、市场监管、社会管理和公共服务职责的重要依据。

"十三五"规划提出加快政府职能转变，持续推进简政放权、放管结合、优化服务，提高行政效能，激发市场活力和社会创造力。深化行政审批制度改革，最大限度减少政府对企业经营的干预，最大限度缩减政府审批范围，提高商贸流通的交易效率，降低审批成本。

近几年，我国颁布了一系列规范、管理和发展电子商务的相关政策。2014年4月，中国银监会、中国人民银行颁布了《关于加强商业银行与第三方支付机构合作业务管理的通知》，促进了银行和第三方支付的合作。截至2014年12月，电子商务服务企业直接从业人员超过250万人。目前，由电子商务间接带动的就业人数，已超过1800万人。

对于物流成本中包含的不合理的体制性成本，如不合时宜的政策规定、审批制度和税收制度，各种乱收费、区域封锁和行政性垄断，差异标准导致的核算混乱，以及其他各种人为障碍导致的流通支出等，是政府应该予以重视的内容。虽然政府近年来已发现并着手解决上述问题，相应政策业已出台，但能否彻底改变该种现状、降低企业物流成本中的体制性成本，其研究仍旧任重而道远。

2014年10月，财政部、商务部和国家邮政局联合颁发了《关于发展电子商务与物流快递协同发展试点有关问题的通知》，在天津、石家庄、杭州、福州、贵阳5个城市开展电子商务与物流快递协同发展试点，统筹规划基础设施建设，推行运营车辆规范化，解决末端配送难题，加强从业人员基本技能培训，鼓励电商与物流快递企业合作，极大地推动了电商与快递行业的协同发展。

2015年9月30日，国务院办公厅发布了《关于推进线上线下互动加快商贸流通创新发展转型升级的意见》，明确表示鼓励撮合、自营等B2B平台交易模式，优化供应链。

2016年4月，国务院办公厅印发《国务院办公厅关于深入实施"互联网+

流通"行动计划的意见》，部署推进"互联网+流通"行动，促进流通创新发展和实体商业转型升级。

当前，我国电子商务经济发展呈现出一些突出特点：相关服务业发展迅猛，已经初步形成功能完善的业态体系；零售电子商务平台化趋势日益明显，平台之间竞争激烈，市场日益集中，开始出现一种新型的垄断（或寡头垄断）局面；电商平台的地位和作用日益凸显，电商平台、政府监管部门与进行网上销售的企业之间正形成一种新的市场治理结构；跨境电子交易发展迅速，但是尚未形成有效的发展模式；区域发展不平衡情况显著，电子商务服务企业主要集中在长三角、珠三角和北京等经济发达地区，且出现企业日益集中的趋势。

商贸流通业中，实体经济与电子商务向相互依托、相互借力方向转变。传统实体企业利用电子商务跨时空、受众广、少环节的优势降低成本、开拓市场。电子商务依赖实体产品的支撑，同时为实体经济催生出大量新产业、新业态、新技术和新模式，推动实体经济优化结构、改革升级。二者只有相互融合，才能最大限度地赢得市场。

"十三五"规划中提出健全归属清晰、权责明确、保护严格、流转顺畅的现代产权制度。推进产权保护法治化，依法保护各种所有制经济权益。依法合规界定企业财产权归属，保障国有资本收益权和企业自主经营权，健全规则、过程、结果公开的国有资产产权交易制度。完善农村集体产权权能，全面完成农村承包经营地、宅基地、农房、集体建设用地确权登记颁证。完善集体经济组织成员认定办法和集体经济资产所有权实现形式，将经营性资产折股量化到本集体经济组织成员。规范农村产权流转交易，完善农村集体资产处置决策程序。全面落实不动产统一登记制度。加快构建自然资源资产产权制度，确定产权主体，创新产权实现形式。保护自然资源资产所有者权益，公平分享自然资源资产收益。深化矿业权制度改革。建立健全生态环境性权益交易制度和平台。实施严格的知识产权保护制度，完善有利于激励创新的知识产权归属制度，建设知识产权运营交易和服务平台，建设知识产权强国。

加强知识产权的管理有利于规范企业知识产权工作，充分发挥知识产权制度在企业发展中的重要作用，促进企业自主创新和形成自主知识产权，推动企业强化对知识产权的有效开发、保护、运营。同样，知识产权管理是发展商贸流通业的重要一环。商贸流通企业的知识产权得以保护，不仅可以给生产商以安全感，吸引大批供货商，产生品牌的强大力量；而且可以给消费者信任感，产生广大消费者放心消费的品牌效应。"十三五"规划提出建立现代产权制度，推进产权保护法治化，依法保护各种所有制经济权益，有利于知识产权保护制度更加完善，有利于规范商贸流通业的知识产权管理，有利于形成保护知识产权、自主创新的良好氛围。

目前,商贸流通企业中知识产权管理依然存在许多问题,知识产权管理还不到位,管理工作尚未制度化、规范化、常规化、标准化。商贸流通企业纠纷多表现在采购、销售领域,采购中的知识产权工作没做好,与商品供应方的知识产权权责未明,同时自身对从订货、进货、上柜销售各环节的知识产权审查监管不力。大多数商贸流通企业缺乏足够的知识产权意识,导致企业经营活动中知识产权工作的缺失。没有设立知识产权管理机构,缺乏合格的知识产权工作人员,企业的知识产权规章制度不够健全。采购环节中存在知识产权审查不力的情况。采购活动中对于产品的知识产权状况审查被很多商贸流通企业所忽视。销售活动前,对采购回来的商品未进行知识产权审查,对可能存在的销售风险及连带责任估计不足。这些都极易导致侵权纠纷。

因此,我国商贸流通企业应该加强知识产权的管理,加大宣传、教育、培训力度,提高知识产权意识。建立知识产权管理机构,明确工作职责,建立书面的知识产权管理工作制度。在研发、采购、销售等环节做好知识产权的过程管理。结合自身经营管理的实际需要,开展发明创造并申请专利、登记版权,重视企业商标特别是服务类商标的注册与保护。采购中,商贸流通企业应当建立进货确认知识产权制度,要求供货商提供相应的知识产权权属证明备案,对知识产权商品进货时检验知识产权标记是否规范、有效知识产权证明文件是否齐全,并做好收集、保管、核对工作。商贸流通企业在销售前,应对商品的知识产权状况进行审查和分析,并提出必要的知识产权保护和风险规避方案。销售时,应定期跟踪检查知识产权商品的法律状态。知识产权管理工作是企业日常管理工作不可分割的重要组成部分,商贸流通企业应积极探索,将知识产权管理融入企业管理工作中。同样,知识产权管理部门也要为商贸流通企业营造一个良好的知识产权保护环境。加强知识产权执法工作宣传,针对流通领域侵犯他人知识产权的行为,应联合开展专项执法活动,对大型商品批发市场和超市采取定期与不定期抽查,严防侵犯知识产权的产品进入流通领域,促进"崇尚创新精神,尊重知识产权"良好氛围的形成。

第三章　商贸流通业上市公司发展指数的编制

第一节 商贸流通上市公司的基本情况

《国民经济行业分类》(GB/T4754—2002)中,商贸流通产业包括批发与零售业、住宿与餐饮业、租赁与商业服务业、居民服务和其他服务业。此外,商品的物流分别包含在交通运输、仓储和邮政业中,电子商务(网上交易)包含在信息传输、计算机服务和软件业中。

本文所指商贸流通业是指为商品流通和为商品流通提供服务的产业,主要包括批发业、零售业、仓储业、交通运输业(包括铁路运输、公路运输、水路运输和航空运输)、租赁业、餐饮业和住宿业等。

商贸流通业属于服务业,是在第三产业中发挥商品流通,连接生产和消费的基础性行业。与商贸流通业相近似的概念包括商贸服务业、商业服务业和商业流通业等。其中,服务业的概念内涵更广泛,包括商业活动中直接关系人们日常生活的服务业,既包括通过营业设备或劳务技术为人们生活提供的商业服务,例如旅店、理发、美容、洗浴等,也包括对原材料进行技术加工为人们生活提供的商业服务,如照相、洗染、修理等。而商务服务业是指为交易活动提供服务的行业,主要包括企业管理服务、法律服务、咨询与调查、会展服务、包装服务等。总的来说,商贸流通业及商品市场是联结生产与消费的中间环节,是工农、城乡和地区之间经济联系的桥梁和纽带,是社会化大生产的重要环节,是决定经济运行速度效益的引导性力量,是反映经济发展和社会繁荣程度的窗口,是衡量综合国力和居民生活水平的晴雨表,是市场经济成熟程度的综合反映。

一、商贸流通业行业上市公司的数量

截至2015年12月31日,A股上市的商贸流通业上市公司共有253家,具体如表3-1所示:

表3-1 商贸流通业上市公司细分行业情况表

序号	行业名称	数量
1	餐饮业	3

续表

序号	行业名称	数量
2	仓储业	8
3	道路运输业	30
4	管道运输业	1
5	航空运输业	13
6	零售业	87
7	批发业	65
8	水上运输业	31
9	铁路运输业	3
10	住宿业	8
11	装卸搬运和运输代理业	3
12	租赁业	1
	总计	253

统计数据截止日期：2015年12月31日。

资料来源：国泰安数据库

从上市时间来看，现有商贸流通业上市公司中，上市时间最早的是申华控股（600653），早在1990底就完成了上市工作。截至2015年底，商贸流通业上市公司上市时间分布如表3-2和图3-1所示：

表3-2　1990—2015年商贸流通业上市公司增加情况统计表

年份	当年新增数量	累计数量	年份	当年新增数量	累计数量
1990	2	2	2003	6	176
1991	0	2	2004	6	182
1992	6	8	2005	1	183
1993	26	34	2006	7	190
1994	24	58	2007	6	196
1995	1	59	2008	4	200
1996	30	89	2009	6	206
1997	24	113	2010	16	222
1998	10	123	2011	11	233
1999	8	131	2012	7	240
2000	21	152	2013	0	240
2001	9	161	2014	3	243
2002	9	170	2015	10	253

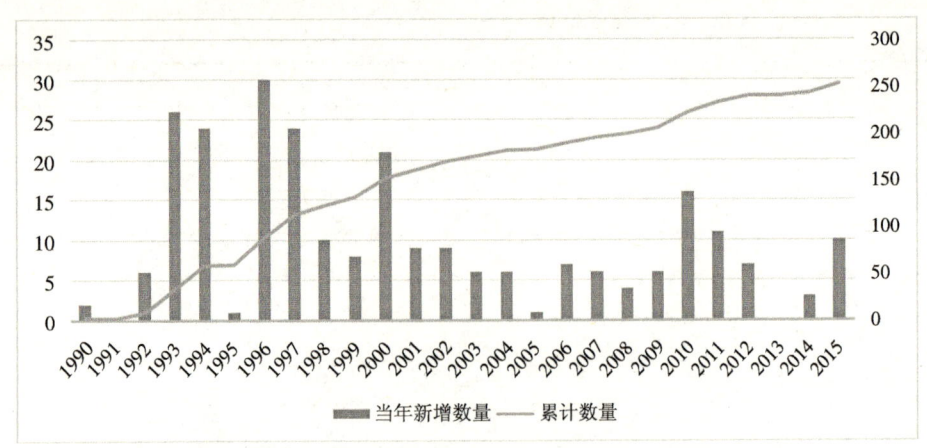

图3-1 （1990—2015年）商贸流通业上市公司数量

从图中可以看到，20世纪90年代是商贸流通业上市公司数量增长的黄金时期，是1990—2015年间增速最快的时期。尤其是1993—1997年，年均增长在20家以上。21世纪初的十年中，年均增长不足10家，增速明显下降；而2010年以后，增速略有上升。

二、商贸流通业上市公司的行业细分

根据中国证监会公布的2012年修订《上市公司行业分类指引》标准，对商贸流通业上市公司进一步细分行业，得到表3-3。目前，我国的商贸流通业上市公司以批发业、零售业为主，这两个行业的上市公司数量占到了全部商贸流通业上市公司数量的60.08%。此外，上市公司数量较多的行业依次是水上运输业、道路运输业和航空运输业，其余行业的上市公司都在10以下，且在2008—2015年没有大幅度的增加。

从数量增长的角度看，上市公司数量增长最快的行业也是批发业和零售业，两个行业2008—2015年新增上市公司占全部新增上市公司的58.49%。值得注意的是，仓储业的上市公司数量增长很快，从2008年的2家增加到2015年的8家，是所有行业中增幅最大的，并且增长的趋势较为稳定，持续性较强。

表3-3 商贸流通业上市公司的行业细分情况（2008—2015年）

序号	行业名称	上市公司数量								2008-2015年增加
		2008年	2009年	2010年	2011年	2012年	2013年	2014年	2015年	
1	餐饮业	2	3	3	3	3	3	3	3	1
2	仓储业	2	3	4	5	6	6	7	8	6
3	道路运输业	23	24	27	28	29	29	29	30	7
4	管道运输业	1	1	1	1	1	1	1	1	0

续表

序号	行业名称	上市公司数量								2008—2015年增加
		2008年	2009年	2010年	2011年	2012年	2013年	2014年	2015年	
6	零售业	67	69	73	80	82	82	83	87	20
7	批发业	54	54	59	61	62	62	63	65	11
8	水上运输业	26	27	30	30	31	31	31	31	5
9	铁路运输业	3	3	3	3	3	3	3	3	0
10	住宿业	8	8	8	8	8	8	8	8	0
11	装卸搬运和运输代理业	2	2	2	2	2	3	3	3	1
12	租赁业	1	1	1	1	1	1	1	1	0
	合计	200	206	222	233	240	240	243	253	53

2015年行业分布情况如图3-2所示：

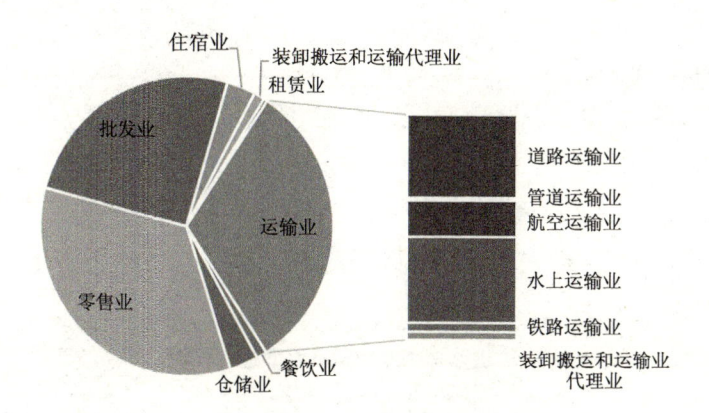

图3-2　商贸流通业上市公司的行业分布情况

图3-2可以看到，截至2015年年底，批发业、零售业和运输业构成了我国商贸流通业上市公司的主体，三个行业的上市公司在数量上，占据了商贸流通业上市公司的绝大部分比例；同时，在三个行业之间进行比较，各自的上市公司数量基本持平，差距不大。其中，零售业最多，共有87家，批发业次之，有65家，运输业最少，共61家。另外，运输业又以道路运输业和水上运输业为主，航空运输业次之，管道、铁路、装卸搬运和运输代理业最少。

第二节 样本选取与基期确定

从统计理论的角度来看,一个经济体中的所有微观企业构成了其宏观经济主体中的企业,然而,由于非上市公司不需要公开披露财务报表,有关财务数据难以获得,故样本初选范围为境内 A 股上市公司。考虑到我国于 2007 年实施了新的企业会计准则,新旧会计准则下的财务数据分类有一定差别,为避免会计准则不同给研究带来的影响,本研究从 2008 年开始,样本时期从 2008 年到 2015 年,共 8 个年度。抽取样本的要求包括:

1. 样本公司必须在 2008 年前(不含 2008 年)上市;
2. 在 2008 年至 2015 年间没有退市及主营业务转变;
3. 不存在数据缺失;
4. 剔除 ST 公司。

按此标准,本研究从国泰安数据库中提取了餐饮业、仓储业、道路运输业、航空运输业、零售业、批发业、水上运输业、铁路运输业、住宿业等 12 个细分行业的上市公司主要财务指标。

经过筛选,得到 167 家商贸流通业上市公司,共 1336 个样本,如表 3-4 所示。

表 3-4 本研究样本的数量情况

行业名称	样本公司数量	样本数量
餐饮业	2	16
仓储业	2	16
道路运输业	17	136
航空运输业	10	80
零售业	55	440
批发业	46	368
水上运输业	24	192

续表

行业名称	样本公司数量	样本数量
铁路运输业	3	24
住宿业	7	56
租赁业	1	8
合计	167	1336

样本中包含了10个细分行业上市公司，样本中没有包含管道运输业、装卸搬运和运输代理业的上市公司，原因有二：一是上述两个行业的上市公司数量较少，在整个商贸流通业中占比较小；二是数据库中缺少相关上市公司披露的财务指标。根据研究的时间范围和样本选取情况，本指数编制以2008年作为基期，构建发展指数。

第三节　发展指数计算

影响公司发展状况的因素既包括外部环境因素，也包括源于企业内部的因素。本文主要着眼于企业内部因素对商贸流通业上市公司发展水平的影响，以上市公司公开披露的财务数据作为基础指标的主要来源。在遵循全面性、科学性、系统性和可操作性等原则的基础上，充分借鉴现有研究成果，本研究共选择了七个大类，26个小项的财务指标，构建商贸流通上市公司的发展状况评价指标体系（见表3-5）。具体如下：

（1）经营规模3项；
（2）财富创造能力4项；
（3）财务稳健性4项；
（4）运营效率5项；
（5）成长能力4项；
（6）现金获取能力5项；
（7）财务质量1项。

表 3-5 商贸流通业上市公司发展能力评价指标体系

准则层	指标代码	指标名称	指标来源和计算公式
经营规模指数 B1	X1	资产总额	来自资产负债表
	X2	营业收入	来自利润表
	X3	净利润	来自利润表
财富创造指数 B2	X4	销售毛利率	（主营业务收入 – 主营业务成本）/ 主营业务收入
	X5	资产净利率	净利润 / 平均资产总额 *100%
	X6	净资产收益率	净利润 / 平均净资产总额 *100%
	X7	每股收益	基本每股收益
财务稳健性指数 B3	X8	流动比率	流动资产 / 流动负债 *100%
	X9	速动比率	（流动资产 – 存货）/ 流动负债 *100%
	X10	资产负债率	负债总额 / 资产总额 *100%
	X11	现金流动负债比	经营活动产生的现金流量净额 / 流动负债
运营效率指数 B4	X12	期间费用率	（管理 + 销售 + 财务费用）/ 营业收入
	X13	存货周转率	主营业务成本 / 平均存货
	X14	应收账款周转率	主营业务收入 / 平均应收账款
	X15	应付账款周转率	主营业务收入 / 平均应付账款
	X16	总资产周转率	主营业务收入 / 平均资产总额
成长能力指数 B5	X17	营业收入增长率	（本期营业收入 / 去年同期营业收入 –1）*100%
	X18	营业利润增长率	（本期营业利润 / 去年同期营业利润 –1）*100%
	X19	净利润增长率	（本期净利润 / 去年同期净利润 –1）*100%
	X20	资产总额增长率	（期末资产 / 去年同期资产 –1）*100%
现金获取能力 B6	X21	营业收入现金含量	销售商品提供劳务收到的现金 / 主营业务收入
	X22	营业收入现金净含量	经营活动产生的现金流量净额 / 营业总收入
	X23	净利润现金净含量	经营活动产生的现金流量净额 / 净利润
	X24	营业利润现金净含量	经营活动产生的现金流量净额 / 营业利润
	X25	企业自由现金流	净利润 + 利息费用 + 非现金支出 – 营运资本追加 – 资本性支出
财务质量 B7	X26	非经常损益比率	非经常性损益 / 净利润

（商贸流通业上市公司发展状况评价指标体系 A）

指标体系基本涵盖了商贸流通业企业发展的主要方面，所选取的指标具有一定的代表性。需要指出的是，在进行主成分分析时，部分指标由于数值较小或差异较小等原因，没有选入，在对典型商贸流通上市公司的分析中将给予适当的关注。

本研究根据商贸流通上市公司发展水平评价指标体系，以 167 家商贸流通上市公司 2008 年数据为基期数据，通过主成分分析方法构建模型，并据以计算商贸流通上市公司 2008 年至 2015 年发展指数，以指数的形式综合反映商贸流通上市公司的发展状况。

主成分分析法利用降维思想，根据评价指标中存在着一定相关性的特点，用较少的指标来代替原来较多的指标，并使这些指标尽可能地反映原来指标的信息，而且彼此之间互不相关，避免了指标选取过程中的主观性和由此导致的评价结果的偏差。

一、适用性检验

模型数据是否适合主成分分析要通过 KMO 和巴特利特（Bartlett's）球形检验来考察。检验结果显示 KMO 统计量（0.624）大于 0.5，且巴特利特球形检验值为 2417.491，显著性（0.000）小于 0.05，表明相关系数矩阵单位矩阵有显著差别，说明样本适合进行主成分分析。

表 3-6 KMO 和巴特利特检验结果

Kaiser-Meyer-Olkin Measure of Sampling Adequacy.		0.624
Bartlett's Test of Sphericity	Approx. Chi-Square	2417.491
	df	325
	P-value	0.000

二、标准化处理和缩尾处理

进行主成分分析时，极端值的出现对主成分提取结果会产生较大的影响，为避免这种影响，本研究对数据两侧各 2.5% 进行了缩尾处理。为防止各指标的量纲不同对结果造成严重影响，本文采用 Z-score 标准化方法对所选原始数据进行标准化，使各指标的均值为 0，方差为 1。

三、主成分提取

主成分个数的确定方法有两种：一是提取所有特征值大于 1 的成分作为主成分；二是根据累计贡献率达到的百分比值来确定。例如取累计贡献率达到 80%，其含义是前 m 个成分（新变量）所包含的信息占原始变量包含的总信息的 80%，其余 m-1 个变量对方差影响很小，认为可以不予考虑，则取前 m 个成分作为主成分。根据表 3-7 所示的主成分特征值与贡献率可以看到，前 8 个主成分的特征值大于 1，累积贡献率达到了 70%，根据主成分特征值大于 1 的标准，提取这 8 个主成分来代替原始的财务指标。

表 3-7 主成分提取情况

主成分	初始特征值			提取平方和载入			旋转平方和载入		
	特征值	方差的 %	累计 %	特征值	方差的 %	累计 %	特征值	方差的 %	累计 %
1	4.466	0.172	0.172	4.466	0.172	0.172	3.128	0.120	0.120
2	2.999	0.115	0.287	2.999	0.115	0.287	3.099	0.119	0.240
3	2.702	0.104	0.391	2.702	0.104	0.391	2.906	0.112	0.351
4	2.481	0.095	0.486	2.481	0.095	0.487	2.539	0.098	0.449
5	1.937	0.075	0.561	1.937	0.075	0.561	1.987	0.076	0.525
6	1.356	0.052	0.613	1.356	0.052	0.613	1.731	0.067	0.592
7	1.208	0.047	0.660	1.208	0.047	0.660	1.627	0.063	0.655
8	1.058	0.041	0.700	1.058	0.041	0.700	1.190	0.046	0.700
9	0.949	0.037	0.737						
10	0.882	0.034	0.771						
11	0.830	0.032	0.803						
12	0.801	0.031	0.834						
13	0.635	0.024	0.858						
14	0.567	0.022	0.880						
15	0.540	0.021	0.900						
16	0.514	0.020	0.920						
17	0.403	0.016	0.936						
18	0.367	0.014	0.950						
19	0.339	0.013	0.963						
20	0.258	0.010	0.973						
21	0.215	0.008	0.981						
22	0.180	0.007	0.988						
23	0.124	0.005	0.993						
24	0.088	0.003	0.996						
25	0.071	0.003	0.999						
26	0.030	0.001	1.000						

提取方法：旋转法。

四、主成分经济解释

通过表 3-8 方差最大化旋转后的主成分因子载荷矩阵还可以看出，主成分 f1 主要由销售毛利率、期间费用率、总资产周转率和营业收入现金净含量解释，反映了企业的销售管理水平，可以定义为销售因子；主成分 f2 主要由流动比率、速动比率、资产负债率、现金流动负债比和应付账款周转率解释，反映了企业的偿债能力，可以定义为财务稳健性因子；主成分 f3 主要由资产净利润率、净资产收益率、每股收益和企业自由现金流解释，反映了企业的盈利能力，可以定义为盈利因子；主成分 f4 主要由资产总额、营业收入和净利润解释，反映了企业的规模对发展状况的影响，可以定义为规模因子；主成分 f5 主要由营业收入增长率和资产总额增长率解释，反映了企业规模的增长情况，可以定义为扩张因子；主成分 f6 主要由应收账款周转率、营业收入现金含量、净利润现金净含量和营业利润现金净含量解释，反映了企业对应收账款的管理水平和实现销售后，利润的变现能力和流动性等因素，可以定义为现金因子；主成分 f7 主要由存货周转率、营业利润增长率和净利润增长率解释，主要反映了企业利润增长情况，可以定义为利润增长因子；主成分 f8 主要由非经常损益比率解释，反映了企业的财务质量和可持续发展的能力，可以定义为财务质量因子。

表 3-8　旋转后的因子载荷矩阵（Rotated Component Matrix）

指标名称	f1	f2	f3	f4	f5	f6	f7	f8	未解释
资产总额	0.042	−0.057	−0.040	0.577	−0.006	−0.065	0.021	−0.059	0.122
营业收入	−0.122	−0.051	0.024	0.540	−0.041	0.063	0.066	0.028	0.218
净利润	0.088	−0.010	0.368	0.375	−0.075	−0.103	−0.008	0.048	0.223
销售毛利率	0.514	−0.034	0.120	−0.075	−0.008	−0.024	0.095	−0.006	0.111
资产净利率	0.043	0.108	0.445	−0.034	0.111	−0.019	−0.152	0.023	0.109
净资产收益率	0.007	−0.023	0.448	0.014	−0.008	0.117	0.126	−0.026	0.401
每股收益	0.005	−0.017	0.486	0.017	0.083	0.006	−0.089	0.044	0.220
流动比率	−0.098	0.520	−0.012	−0.087	−0.064	−0.037	0.061	−0.052	0.134
速动比率	−0.031	0.527	−0.020	−0.058	−0.067	−0.014	0.038	−0.060	0.123
资产负债率	−0.147	−0.373	−0.077	0.035	0.111	0.128	0.081	−0.030	0.277
现金流动负债比	0.212	0.331	0.077	0.127	0.057	0.195	0.016	−0.035	0.267
期间费用率	0.360	−0.176	−0.025	−0.222	−0.143	−0.027	0.146	0.118	0.313
存货周转率	0.123	0.193	−0.145	0.163	0.083	−0.041	−0.198	−0.111	0.633
应收账款周转率	−0.024	−0.082	0.074	−0.054	−0.033	0.492	0.039	−0.223	0.469

续表

指标名称	f1	f2	f3	f4	f5	f6	f7	f8	未解释
应付账款周转率	-0.253	0.258	0.075	-0.019	0.230	0.021	0.288	0.188	0.410
总资产周转率	-0.396	-0.001	0.122	0.008	-0.028	0.287	-0.060	0.013	0.249
营业收入增长率	-0.049	-0.070	0.104	-0.061	0.537	-0.037	0.027	-0.001	0.308
营业利润增长率	0.073	0.018	0.016	-0.073	0.156	0.044	0.650	-0.086	0.238
净利润增长率	-0.001	-0.025	0.089	-0.207	0.182	0.054	-0.568	-0.088	0.250
资产总额增长率	0.027	-0.082	0.029	-0.067	0.540	-0.080	0.078	-0.061	0.310
营业收入现金含量	-0.080	-0.085	0.041	-0.073	-0.187	0.483	0.089	-0.132	0.436
营业收入现金净含量	0.466	0.041	0.005	0.109	0.053	0.181	-0.035	-0.078	0.211
净利润现金净含量	0.140	0.093	-0.179	0.052	0.058	0.440	-0.106	0.418	0.370
营业利润现金净含量	0.112	0.091	-0.037	0.042	0.179	0.321	-0.052	0.179	0.697
企业自由现金流	0.042	0.041	-0.311	0.203	0.394	0.075	-0.064	-0.041	0.464
非经常损益比率	-0.032	-0.047	0.040	-0.020	-0.033	-0.058	0.008	0.787	0.230

提取方法：旋转法。

五、主成分得分矩阵

在确定了各个主成分的经济意义之后，还要知道的是各主成分关于原始财务指标的线性表达式，这由主成分得分系数矩阵提供，如表3-9所示。通过主成分得分系数矩阵可以计算出8个主成分得分函数：

表3-9 主成分得分系数矩阵（Component Matrix）

指标名称	f1	f2	f3	f4	f5	f6	f7	f8	未解释
资产总额	0.039	-0.081	0.306	-0.486	-0.005	-0.046	-0.090	-0.018	0.122
营业收入	-0.013	0.110	0.264	-0.458	0.048	0.025	-0.147	0.062	0.218
净利润	0.288	0.012	0.243	-0.195	0.056	-0.159	-0.286	0.111	0.223
销售毛利率	0.237	-0.404	0.076	0.193	0.034	0.111	-0.135	-0.031	0.111
资产净利率	0.387	0.157	0.102	0.181	0.026	-0.139	-0.044	0.098	0.109
净资产收益率	0.243	0.193	0.144	0.151	0.031	0.052	-0.297	0.011	0.401
每股收益	0.310	0.188	0.191	0.178	0.058	-0.133	-0.150	0.106	0.220
流动比率	0.239	0.128	-0.402	-0.116	-0.204	0.076	0.063	0.011	0.134
速动比率	0.276	0.079	-0.384	-0.135	-0.169	0.097	0.079	-0.001	0.123
资产负债率	-0.324	0.099	0.272	0.060	0.045	0.065	-0.020	-0.071	0.277
现金流动负债比	0.366	-0.032	-0.032	-0.123	0.011	0.253	0.059	0.005	0.267

续表

指标名称	f1	f2	f3	f4	f5	f6	f7	f8	未解释
期间费用率	−0.063	−0.376	−0.055	0.259	0.094	0.093	−0.182	0.030	0.313
存货周转率	0.168	−0.117	−0.002	−0.213	−0.013	−0.035	0.257	−0.077	0.633
应收账款周转率	0.017	0.221	0.077	0.094	0.242	0.332	−0.029	−0.276	0.469
应付账款周转率	0.026	0.270	−0.060	−0.006	−0.340	0.198	−0.021	0.274	0.410
总资产周转率	−0.074	0.475	−0.007	−0.021	0.150	0.066	−0.001	0.015	0.249
营业收入增长率	0.039	0.115	0.330	0.225	−0.287	0.031	0.218	0.087	0.308
营业利润增长率	−0.067	−0.052	0.056	0.113	−0.426	0.415	−0.295	−0.062	0.238
净利润增长率	0.165	0.113	0.056	0.249	0.239	−0.256	0.429	−0.079	0.250
资产总额增长率	0.015	0.009	0.325	0.217	−0.340	0.053	0.220	0.020	0.310
营业收入现金含量	−0.070	0.225	−0.040	0.059	0.292	0.327	−0.129	−0.214	0.436
营业收入现金净含量	0.270	−0.308	0.145	−0.012	0.145	0.227	0.054	−0.099	0.211
净利润现金净含量	−0.004	−0.048	−0.009	−0.057	0.331	0.393	0.229	0.352	0.370
营业利润现金净含量	0.100	0.019	0.091	0.009	0.137	0.302	0.190	0.170	0.697
企业自由现金流	−0.056	−0.072	0.232	−0.188	−0.145	0.166	0.403	−0.003	0.464
非经常损益比率	−0.144	−0.060	−0.049	0.068	0.136	−0.021	−0.083	0.756	0.230

提取方法：旋转法。

六、主成分模型的构建

根据表中各主成分因子的贡献率，可以得到商贸流通上市公司的主成分模型：

$$f = \frac{0.172*f_1 + 0.115*f_2 + 0.104*f_3 + 0.095*f_4 + 0.075*f_5 + 0.052*f_6 + 0.047*f_7 + 0.041*f_8}{0.7}$$

将167家商贸流通上市公司2008至2015年的数据经标准化和缩尾处理后，代入上述模型中，即可得到各公司所有年度的主成分值。

七、发展指数的构建

由于主成分 f 值存在负数的情况，为了便于理解和比较，采用如下公式对各公司 f 值进行调整（其中，e 为自然对数），得到各公司的发展指数 DEV。原因有三：一是指数函数为单调递增函数，经变换后不影响各公司 f 值的相对大小；二是变化后的取值全部为正数，增强了数值的可比性和可理解性；三是 f 值在计算过程中经过标准化，取值偏小，将 f 值乘以 100 后，相当于将 f 值小数点后的信息更加清晰地反映出来，增加了指数的可读性和可比性。

$$DEV = e^f \times 100$$

对各上市公司而言，DEV 值越大，代表该公司在行业内的相对发展水平越高；DEV 值增加，代表发展水平提升。对商贸流通业整体而言，取当年度样本公司 DEV 值的平均值，作为行业发展水平的衡量指标。

值得注意的是，DEV 的行业均值为该年份所有公司的 DEV 均值，不是各公司 F 值求均值后计算 EXP 的结果。

第四节　商贸流通上市公司发展指数编制结果

一、总体测算结果

根据上述计算方法，分别计算商贸流通业上市公司的 DEV 值和行业发展指数，行业发展指数计算结果如表 3-10 所示，各上市公司发展指数收录于附录 2。

表 3-10　商贸流通业上市公司发展指数（2008—2015 年）

行业名称	2008	2009	2010	2011	2012	2013	2014	2015
商贸流通业	125	123	145	136	113	113	109	109

商贸流通业上市公司发展指数从 2008 年的 125，到 2010 年左右达到峰值，随后逐年降低，2015 年为 109，整体呈现出下降的趋势。这反映了大型商贸流通企业面临诸多挑战：在经济增速下降的环境下，广大消费者随着收入水平的提高消费结构开始转型，又面临着新兴的电商冲击，传统的大型商贸流通行业必须积极采取措施，才能有效应对。

二、我国商贸流通上市公司发展能力排名

公司发展能力排名：

表 3-11　商贸流通业上市公司发展指数前 10 名（2008—2015 年）

排名	2008	2009	2010	2011	2012	2013	2014	2015
1	中海发展	同达创业	重庆百货	首商股份	友好集团	厦门空港	南京新百	上海机场
2	中远航运	现代投资	东方航空	越秀金控	越秀金控	北部湾港	广东明珠	招商轮船
3	泰山石油	新华百货	现代投资	辽宁成大	厦门空港	上海机场	厦门空港	广汇汽车
4	万方发展	厦门空港	南宁百货	合肥百货	大商股份	欧亚集团	如意集团	华东医药
5	现代投资	保税科技	越秀金控	厦门空港	重庆百货	鄂武商A	上海机场	东方银星
6	苏宁云商	华东医药	海南航空	欧亚集团	鄂武商A	中央商场	华东医药	鄂武商A
7	中昌海运	越秀金控	南方航空	山东高速	欧亚集团	华东医药	杭州解百	物产中大
8	深赤湾A	物产中大	中国国航	国机汽车	华东医药	重庆百货	欧亚集团	白云机场
9	中国远洋	马应龙	大秦铁路	皖江物流	全聚德	大商股份	兰生股份	如意集团

表 3-12　商贸流通业上市公司发展指数后 10 名（2008—2015 年）

排名	2008	2009	2010	2011	2012	2013	2014	2015
167	东方银星	国机汽车	亚通股份	长航凤凰	中海海盛	中海发展	航天通信	大东海A
166	津劝业	长航凤凰	中成股份	东方银星	宁波海运	中昌海运	时代万恒	五洲交通
165	南方航空	中海集运	国机汽车	南纺股份	中国远洋	中海集运	中海海盛	南纺股份
164	中国国航	福日电子	南京医药	天海投资	五矿发展	招商轮船	全新好	中海集运
163	天海投资	岭南控股	福日电子	中海集运	南京医药	南京医药	皖江物流	西安饮食
162	海南航空	大东海A	长航凤凰	中国远洋	万方发展	大东海A	申华控股	大连友谊
161	全新好	天海投资	天海投资	大东海A	上海物贸	宁波联合	东方银星	津劝业
160	海航基础	中国远洋	全新好	海航基础	长航凤凰	人民同泰	华天酒店	上海物贸
159	首商股份	三联商社	百大集团	三木集团	上海九百	宁波海运	三木集团	漳州发展

根据上表可以看出，部分行业企业指数变动非常大，例如中国远洋，2008 年发展指数位于前十名，但是到了 2009 年就已经位居后十名，2011 年、2012 年却连续两年亏损高达约百亿元。这一方面反映了航运业容易受到经济周期影响，但是也反映了我国航运企业和国际一流的航运企业，如马士基等企业的差距，因为虽然马士基也受到了美国次贷危机的影响，但是持续盈利。

三、商贸流通上市公司分行业发展指数

按照证监会发布的上市公司行业分类（2012年版）将商贸流通行业细分为餐饮、仓储、道路运输等10个行业，分别计算其发展指数，列于表（3-13）。

表3-13 2008—2015年商贸流通业上市公司发展指数细分情况表

行业名称	2008	2009	2010	2011	2012	2013	2014	2015
餐饮业	104	125	124	172	160	95	93	75
仓储业	126	205	223	175	144	98	91	99
道路运输业	146	135	161	160	108	114	125	114
航空运输业	90	120	279	171	157	166	164	185
零售业	124	137	151	158	131	124	118	104
批发业	106	133	117	116	101	107	100	105
水上运输业	176	66	115	97	82	83	81	102
铁路运输业	153	178	218	199	133	139	160	129
住宿业	90	84	117	82	87	88	68	83
租赁业	42	58	60	139	73	123	66	102
商贸流通业	125	123	145	136	113	113	109	109

第一，截至2015年底，发展指数较高的行业是航空运输业、铁路运输业和道路运输业，指数值均高于商贸流通行业的整体水平。

第二，截至2015年年底，发展指数较低的行业是餐饮业、住宿业和仓储业，指数值不足100，明显低于平均水平。

第三，各细分行业的指数值波动较大，细分行业之间的差别也较大。

第四章 商贸流通业上市公司发展指数的分析

第一节 发展指数变化趋势分析

一、总指数变化趋势分析

根据2008—2015年商贸流通业上市公司发展指数的计算结果，绘制全行业的发展指数变化趋势图（图4-1）。

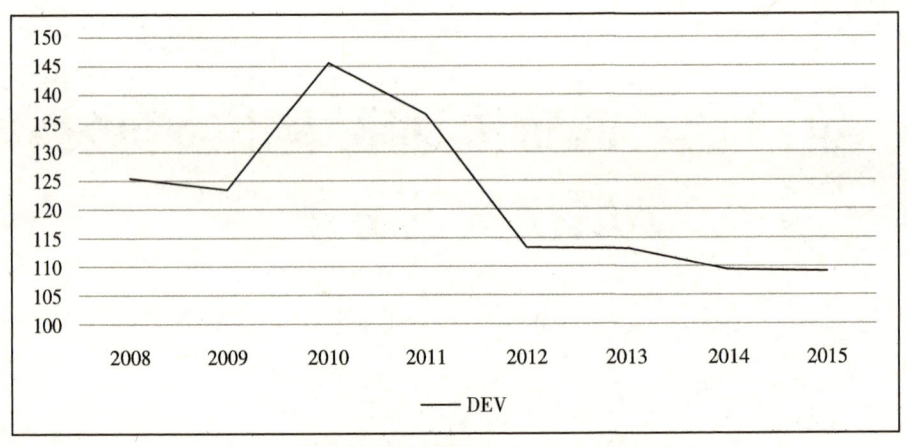

图4-1 发展指数变化趋势图（2008—2015年）

如图所示，发展指数整体上呈现出先上升后下降的变化趋势，最大值出现在2010年，2012年以后，指数的下降趋势明显放缓，转变为平稳态势，截至2015年，指数值已止住下降趋势，与上年发展水平持平。参照商贸流通业上市公司发展指数变化趋势图，2008年以来我国商贸流通业上市公司的发展大致可以分为三个阶段：

第一阶段：2008—2010年，发展指数快速上升。这与这一阶段我国经济增长速度吻合。

第二阶段：2010—2012年，发展指数快速下降。

第三阶段：2012—2015年，发展指数保持平稳。

二、各上市公司发展指数描述性统计

根据各上市公司的发展指数的计算结果，得表4-1：

表 4-1　商贸流通业上市公司 2008—2015 年发展指数描述性统计

年份	最大值	最小值	中位数	平均值	标准差
2008	622	10	101	125.08	93.93
2009	1030	10	101	123.34	101.98
2010	542	20	121	145.18	91.43
2011	517	12	110	136.30	87.30
2012	374	13	95	113.18	67.15
2013	402	16	98	113.08	67.84
2014	440	18	89	109.14	75.60
2015	401	16	92	109.05	70.26

第一，中位数与平均值的变化趋势基本吻合，数据分布的对称性较好。这主要是由于在主成分提取中对原始财务指标进行了标准化。

第二，标准差水平明显下降，各公司离散程度减弱。一定程度上表明市场逐步规范，业绩特别好或特别差的公司数量在不断减少。

三、分行业发展指数变化趋势

图 4-2 反映了道路运输业、航空运输业、零售业、批发业、水上运输业和商贸流通业企业的发展指数变化趋势，通过分析可以得出：

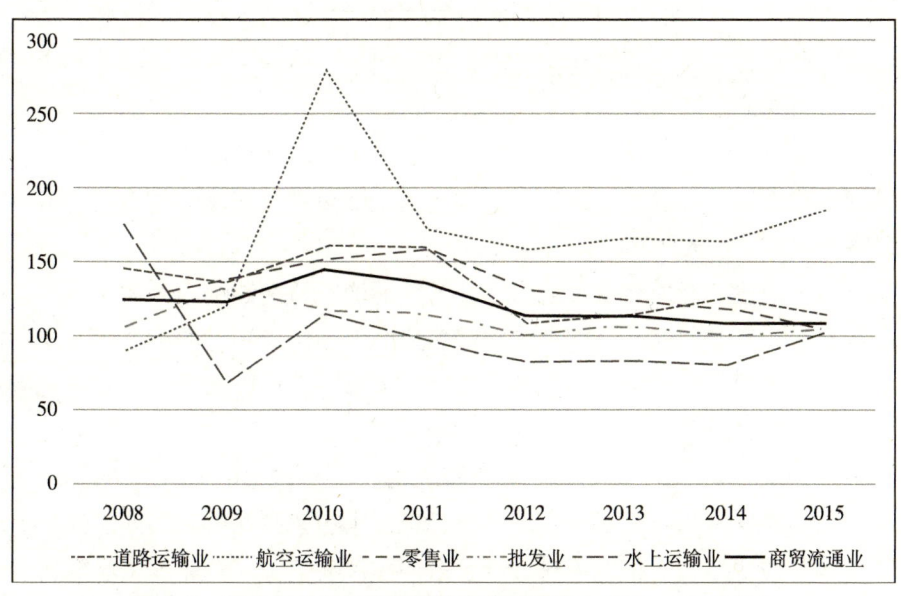

图 4-2　部分细分行业发展指数变化趋势图（2008—2015 年）

第一，各行业变化趋势差异较为显著；

第二，出航空运输业外，其余各细分行业的指数值变化趋势趋于收敛，各行业的差距逐步缩小；

第三，大部分行业的变化趋势与商贸流通业变化趋势一致；

第四，各行业自身的波动幅度逐步缩小。

四、各主成分分析

下表报告了2008—2015年商贸流通业上市公司各主成分值、F值和DEV值。

表4-2 商贸流通业上市公司各主成分值、F值和DEV值（2008—2015年）

年份	f1	f2	f3	f4	f5	f6	f7	f8	F	DEV
2008	−0.032	−0.181	−0.141	0.190	0.143	0.030	0.107	−0.054	−0.011	125
2009	−0.054	−0.176	−0.283	0.262	0.159	0.078	−0.035	0.004	−0.028	123
2010	0.261	0.157	0.317	0.532	−0.225	0.050	0.200	−0.046	0.200	145
2011	0.120	0.223	0.115	0.331	−0.244	0.015	0.036	−0.035	0.104	136
2012	−0.088	0.110	0.042	−0.225	−0.041	0.029	−0.057	0.073	−0.030	113
2013	−0.068	0.056	0.046	−0.257	0.042	−0.041	−0.091	−0.056	−0.044	113
2014	−0.122	−0.011	−0.017	−0.317	−0.006	−0.215	−0.105	−0.017	−0.102	109
2015	−0.018	−0.178	−0.078	−0.516	0.172	0.054	−0.056	0.132	−0.089	109

第一，从各主成分所占比重来看，销售因子是商贸流通行业最重要的影响因子，企业的销售管理水平对企业的发展水平影响最大。

第二，财务稳健性因子反映了当前激烈的市场竞争环境下，投资者对上市公司财务稳健性的要求越来越高，一方面是企业规避市场风险的需要，另一方面是资本市场日趋成熟和理性的体现。

第三，企业的规模和盈利能力，及规模的增长情况和利润的增长情况，规模和盈利能力对企业的发展起到了相辅相成的作用，市场对上市公司的要求中既有存量的要求，也有增量的要求，从比重上看，市场更倾向于对企业现有规模和盈利能力的保持，在此基础上才是两者的增长。

第四，现金因子的出现反映了商贸流通行业对现金管理水平的要求，既要求企业具有良好的应收账款管理水平，也要求企业在获取利润的时候，保持公司的流动性状态，防止大规模的资金占用和沉淀，要求企业加快运营资金流转，提高资金的利用效率。

第五，财务质量因子反映了资本市场对该行业上市公司的要求，一是公司自律，提高自身管理水平，二是监管日益精细化，市场不断规范和理性，投机行为得到抑制，投资者更注重价值投资。

图 4-3 报告了商贸流通业上市公司 2008—2015 年各主成分的变化趋势。

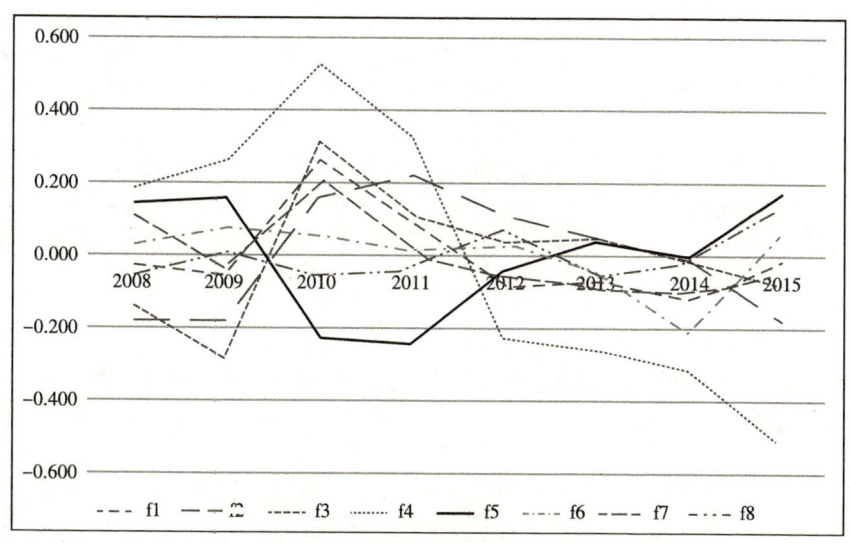

图 4-3 各主成分变化趋势图

按照主成分的变化趋势，可将主成分划分为三类：第一类包括 f1、f2、f3、f4 和 f7，这 5 个主成分都表现为先上升后下降的趋势；第二类包括 f5，变化趋势表现为先下降后上升；第三类包括 f6 和 f8，这些主成分基本保持平稳，没有大的波动，但 f6 现金因子在 2014 年有一次短暂下降。

第二节 商贸流通上市公司发展能力分析

一、经营规模

从表 4-3 和图 4-4，4-5 可以看出，我国商贸流通上市公司 2007 年至 2012 年资产和营业收入总体呈逐年上升态势，尤其是 2009 年开始增速加快，2011 年开始增速放缓。净利润从 2007—2009 年呈下滑态势，但 2010 年大幅上升至近六年中最高水平，但是从 2010 年又开始逐年下降。员工人数基本呈稳步上升趋势，2012 年略有降低。

表 4-3 商贸流通上市公司经营规模发展趋势（2008—2015 年）

单位：万元

年度 指标	2008	2009	2010	2011	2012	2013	2014	2015
资产总计	98365908.32	110296285.98	129123441.84	145875212.79	221862938.19	237502321.96	248316625.17	294966144.12
营业总收入	61052829.36	47393517.54	64458844.83	75960235.81	185300508.56	195442474.29	194363664.77	215708510.46
净利润	2001118.90	4432294.60	6973650.06	6764753.48	6522713.84	6820275.15	9046759.09	9197342.21

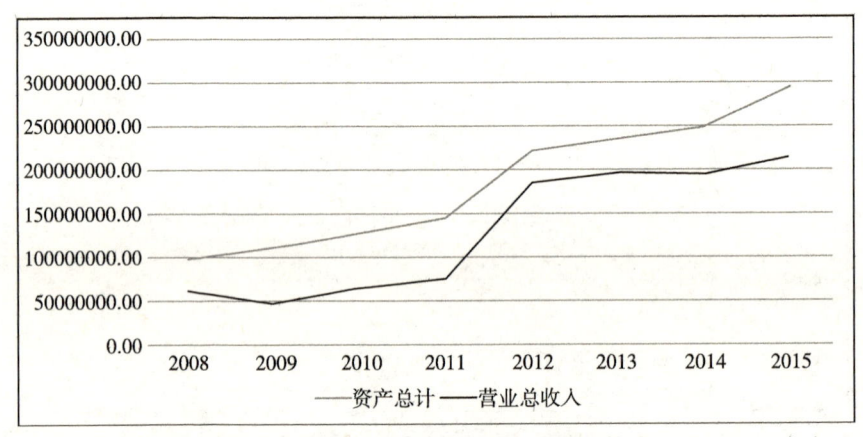

图 4-4 商贸流通上市公司资产总计和营业收入发展趋势（2008—2015 年）

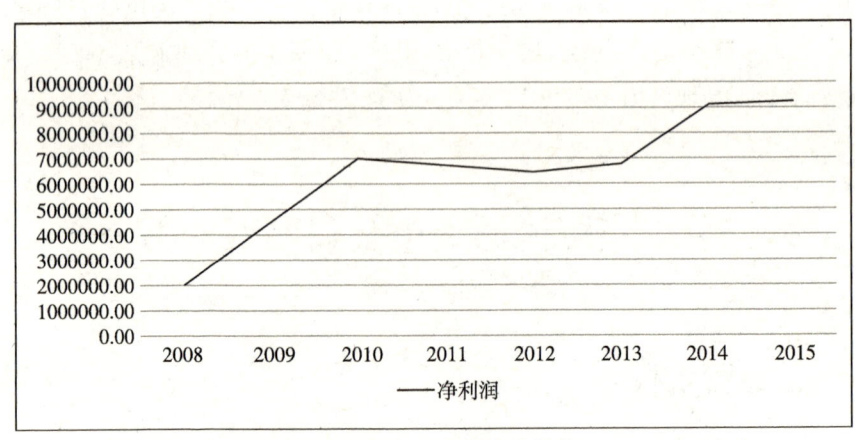

图 4-5 商贸流通上市公司净利润发展趋势（2008—2015 年）

二、财富创造能力

2007—2012 年的销售毛利率基本呈下滑态势，资产净利率和净资产收益率

2007—2009年呈下滑态势，2009—2010年有所上升，从2010年开始又呈下滑态势（见表4-4；图4-6，4-7，4-8）。

表4-4 商贸流通上市公司财富创造能力发展趋势

指标＼年度	2008	2009	2010	2011	2012	2013	2014	2015
营业毛利率（%）	25.83	24.24	24.98	23.51	22.48	23.16	22.39	23.37
总资产净利润率（%）	4.76	4.01	5.09	4.65	4.22	2.73	7.95	3.23
净资产收益率（%）	10.86	6.99	13.09	9.42	14.33	8.93	5.14	5.84
基本每股收益	0.26	0.28	0.35	0.34	0.29	0.36	0.37	0.34

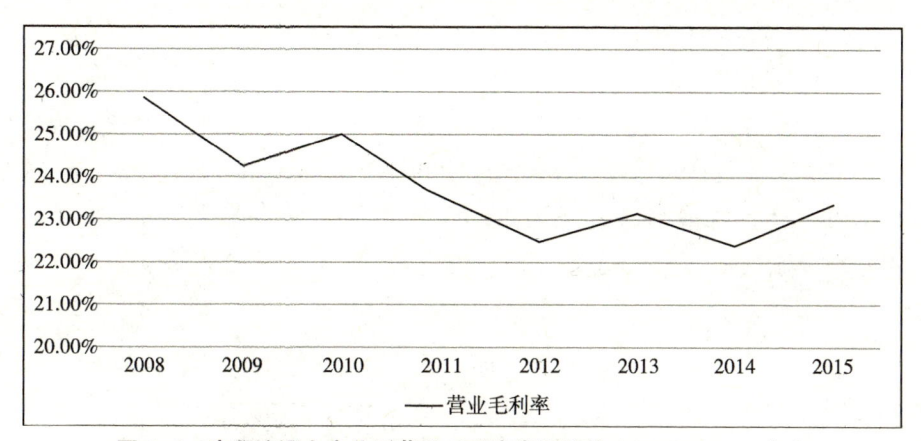

图4-6 商贸流通上市公司营业毛利率发展趋势（2008—2015年）

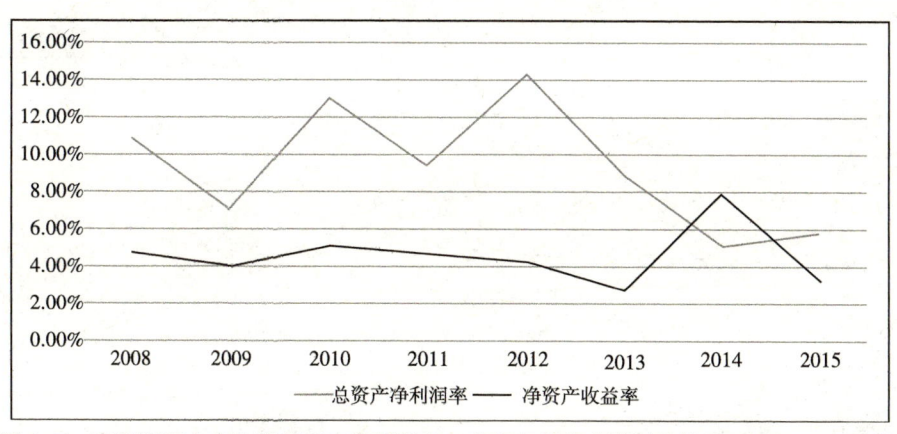

图4-7 商贸流通上市公司总资产净利润率、净资产收益率发展趋势（2008—2015年）

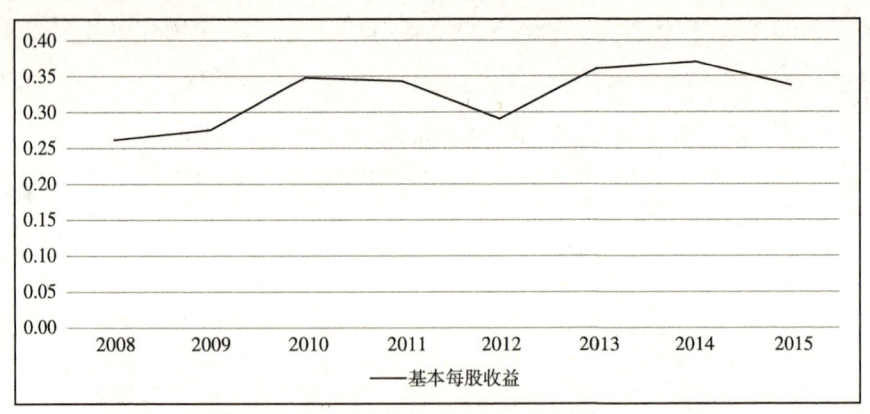

图 4-8　商贸流通上市公司基本每股收益发展趋势（2008—2015 年）

三、财务稳健性

2008—2015 年间，企业流动比率、速动比率除个别年份外，整体呈现稳步上升趋势。企业资产负债率相对稳定，2008—2011 年稳定处于 53%~54% 的水平，2013 年达到峰值 57.9%，随后两年逐年降低，2015 年降至 8 年来的最低水平。现金流动负债比呈现逐年降低的态势，在 2014 年达到最低值 0.13 后，2015 年有所回升。（见表 4-5；图 4-9，4-10，4-11）

表 4-5　商贸流通上市公司财务稳健性发展趋势

指标＼年度	2008	2009	2010	2011	2012	2013	2014	2015
流动比率	1.29	1.34	1.37	1.43	1.40	1.41	1.52	1.56
速动比率	1.03	1.06	1.05	1.11	1.07	1.09	1.20	1.26
资产负债率（%）	53.05	53.18	54.03	54.01	53.32	57.90	52.46	51.11
现金流动负债比	0.28	0.24	0.24	0.21	0.20	0.19	0.13	0.19

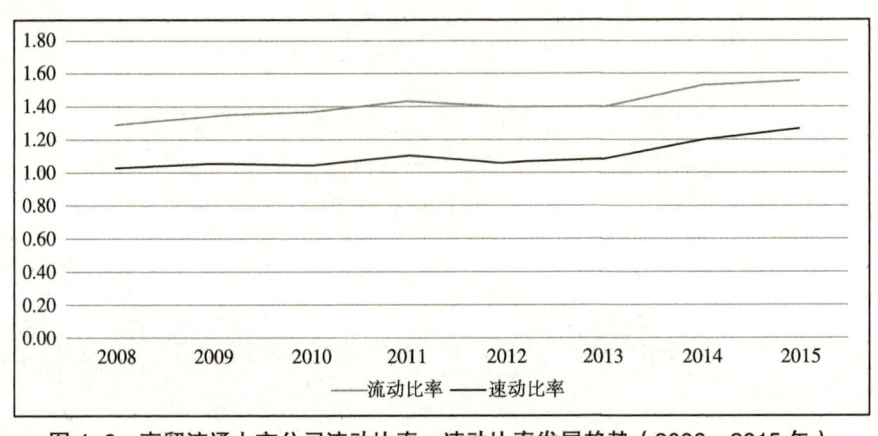

图 4-9　商贸流通上市公司流动比率、速动比率发展趋势（2008—2015 年）

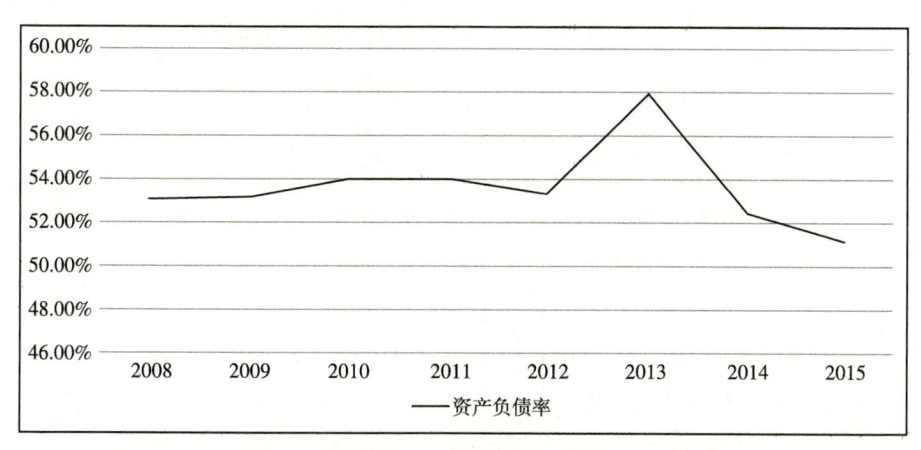

图 4-10　商贸流通上市公司资产负债率发展趋势（2008—2015 年）

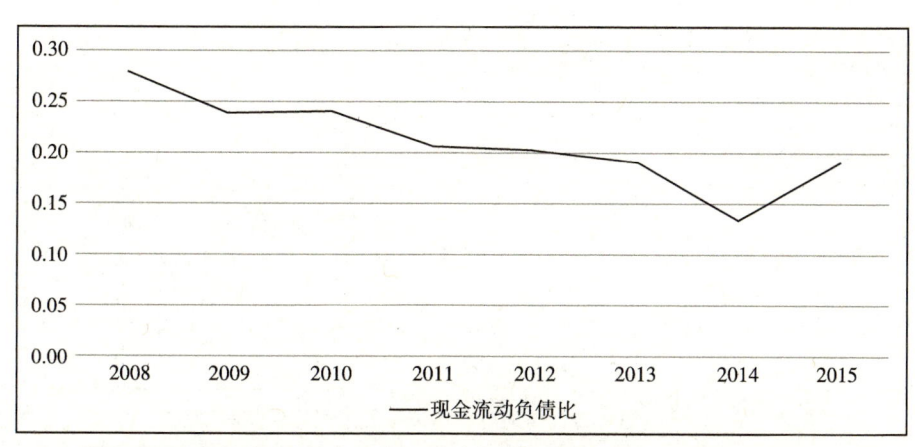

图 4-11　商贸流通上市公司现金流动负债比发展趋势（2008—2015 年）

四、运营效率

2008—2015 年，期间费用率相对平稳，除 2009 年出现较大幅度增加外，其他年份相对平稳，但 2012 年以来呈现出小幅稳步增长趋势。存货周转率 2008—2009 年逐年降低，2010 年达到峰值，2011 年以来缓慢稳步降低，2015 年有所回升。应收账款周转率整体呈现降低态势，其中，2008 年该数值为近年来最高，随后相对较为稳定。应付账款周转率 2008—2011 年逐年上升，2011—2014 年逐年减低，2015 年有所上升。总资产周转率整体处于较低水平，其中 2013 年达到峰值 1.13，随后逐年降低，2015 年降至最低值 0.91。（见表 4-6；图 4-12，4-13，4-14，4-15，4-16）

表 4-6 商贸流通上市公司运营效率发展趋势

指标＼年度	2008	2009	2010	2011	2012	2013	2014	2015
期间费用率（%）	16.16%	21.56%	15.76%	16.14%	15.33%	15.90%	16.21%	17.61%
存货周转率（%）	74.55	55.91	118.06	89.26	74.57	62.46	49.12	56.40
应收账款周转率（%）	10318.43	769.04	1491.64	212.05	214.26	333.67	478.30	145.42
应付账款周转率（%）	12.72	20.40	27.95	31.96	29.91	16.72	15.90	31.51
总资产周转率	1.02	0.98	1.06	1.13	1.10	1.07	0.97	0.91

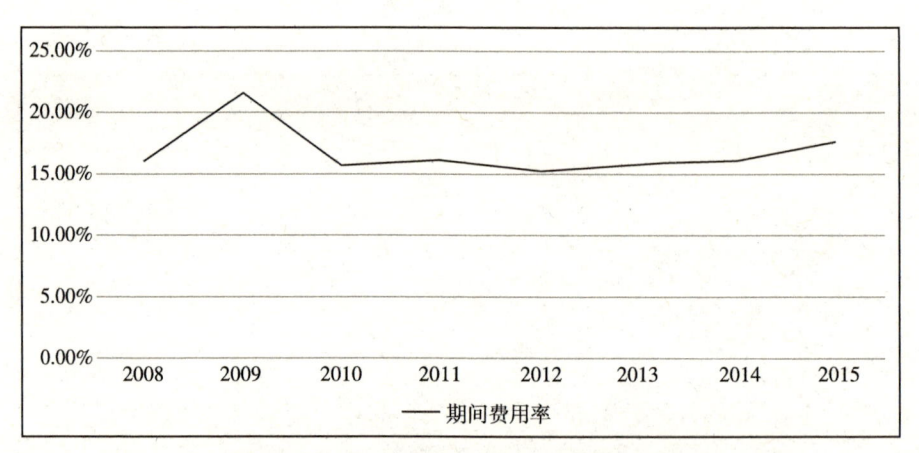

图 4-12 商贸流通上市公司期间费用率发展趋势（2008—2015 年）

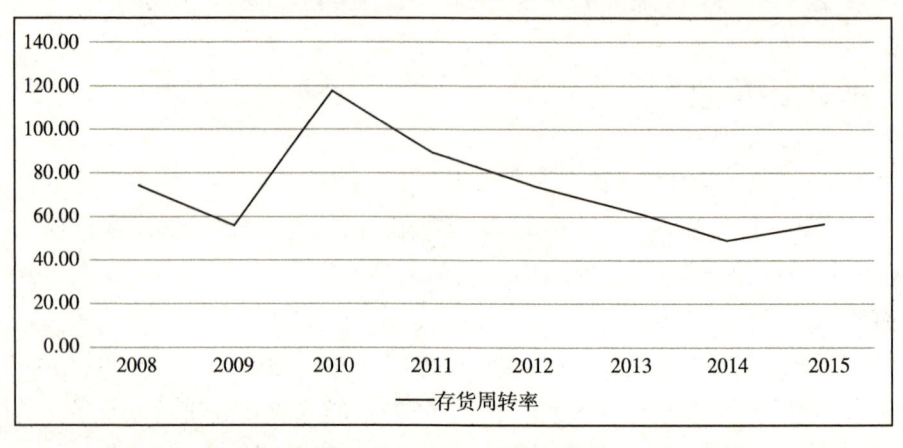

图 4-13 商贸流通上市公司存货周转率发展趋势（2008—2015 年）

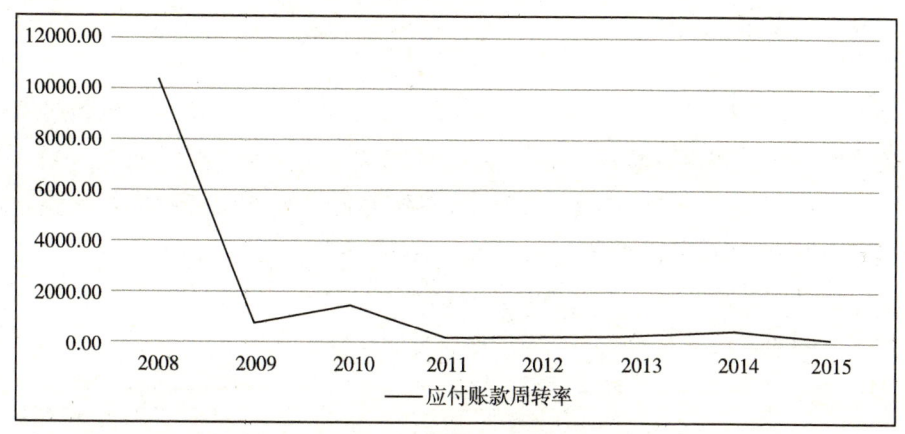

图 4-14　商贸流通上市公司应收账款周转率发展趋势（2008—2015 年）

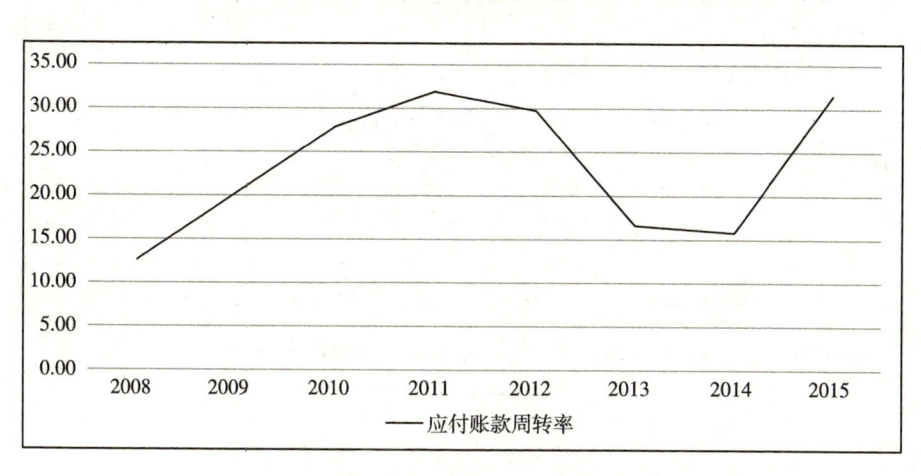

图 4-15　商贸流通上市公司应付账款周转率发展趋势（2008—2015 年）

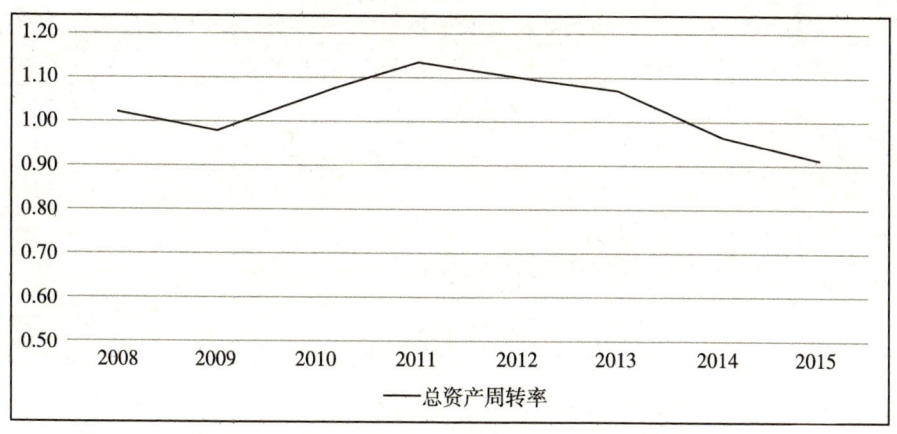

图 4-16　商贸流通上市公司总资产周转率发展趋势（2008—2015 年）

五、成长能力

2008—2015年，企业营业总收入增长率、营业利润增长率、净利润增长率均有较大波动幅度，总资产增长率相对稳定。其中，企业营业总收入增长率2009—2011年逐年增长，2011—2014年有所降低，2015年有所恢复。营业利润增长率2009年降至最低值-148.99%，2009—2012年有所恢复，随后又呈现出下降趋势。净利润增长率除2010、2015年为正数外，其他各年均为负数，反映出企业利润增长具有较大的不稳定性（见图4-17；表4-7）。

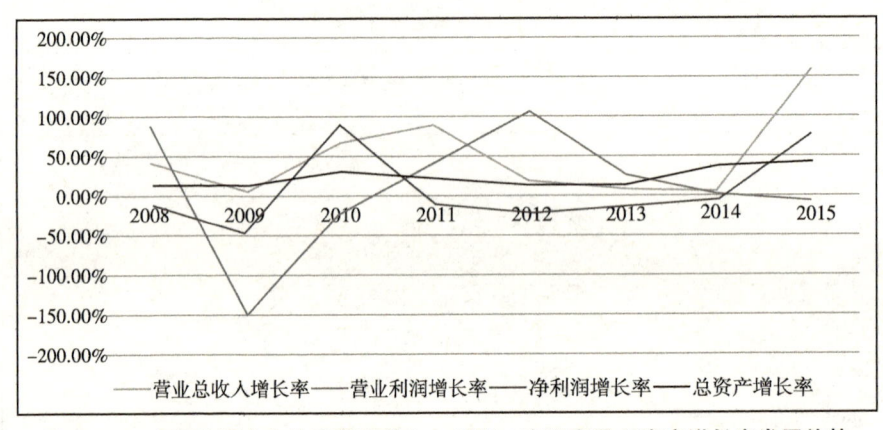

图4-17 商贸流通上市公司营业收入、利润、净利润及总资产增长率发展趋势
（2008—2015年）

表4-7 商贸流通上市公司成长能力发展趋势

指标＼年度	2008	2009	2010	2011	2012	2013	2014	2015
营业总收入增长率（%）	39.96	7.26	67.41	89.14	17.34	8.21	6.22	159.52
营业利润增长率（%）	87.98	-148.99	-25.31	39.85	105.72	27.26	0.30	-6.14
净利润增长率（%）	-13.08	-46.96	89.69	-10.92	-20.35	-14.43	-4.15	77.20
总资产增长率（%）	14.07	14.15	30.79	23.92	12.41	12.69	36.69	41.35

六、现金获取能力

商贸流通上市公司与客户的往来主要采用预收账款的形式，并且逐年呈稳步上升趋势，应收票据和应收账款的使用低于预收账款的使用。商贸流通上市公司与供应商的往来主要采用应付票据和应付账款形式，预付账款的使用比例很低。这表明商贸流通上市公司在供应链中处于强势地位，较多的预收和应付款项，较少的应收和预付款项（见表4-8；图4-18，4-19，4-20）。

表 4-8　商贸流通上市公司现金获取能力发展趋势

指标＼年度	2008	2009	2010	2011	2012	2013	2014	2015
营业收入现金含量	1.06	1.14	1.18	1.07	1.08	1.07	1.05	1.08
营业收入现金净含量	0.13	0.11	0.13	0.11	0.10	0.10	0.07	0.18
净利润现金净含量	2.02	4.02	1.06	1.42	1.33	1.14	0.10	2.31
营业利润现金净含量	1.18	1.15	1.85	2.39	0.60	0.98	5.99	0.14
企业自由现金流	10845.13	-51264.09	14538.01	9334.37	5220.42	28844.67	4011.57	45990.79

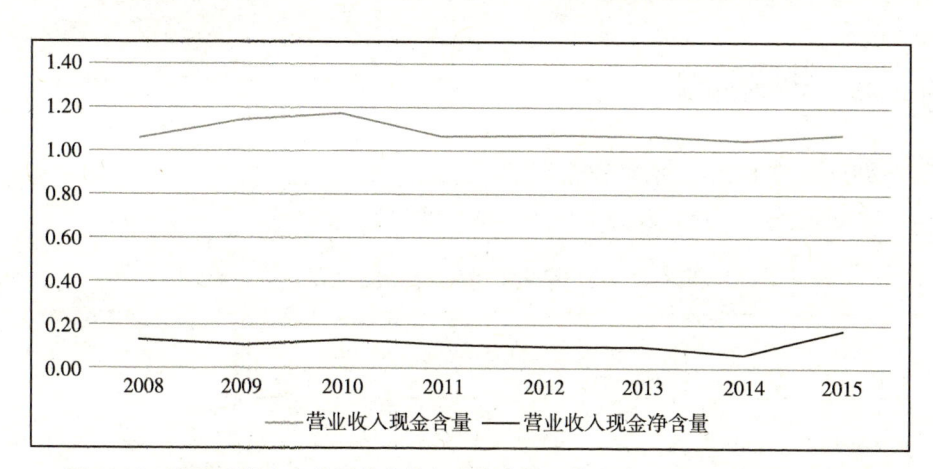

图 4-18　商贸流通上市公司营业收入现金含量、营业收入现金净含量发展趋势
（2008—2015 年）

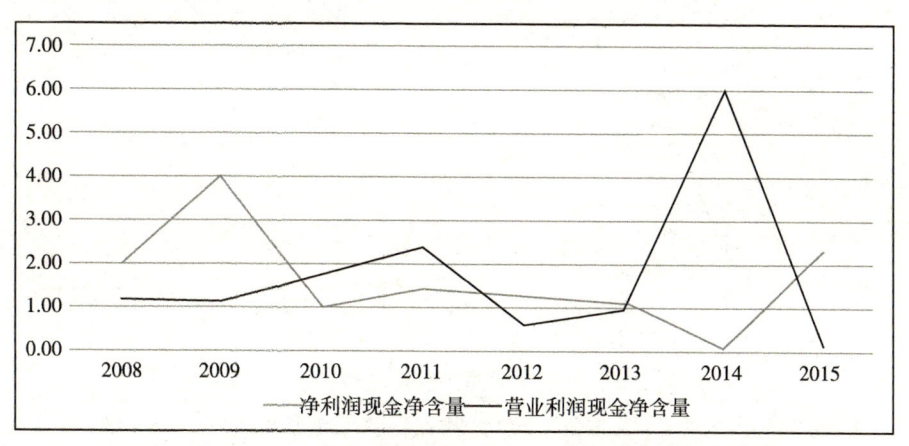

图 4-19　商贸流通上市公司净利润现金净含量、营业利润现金净含量发展趋势
（2008—2015 年）

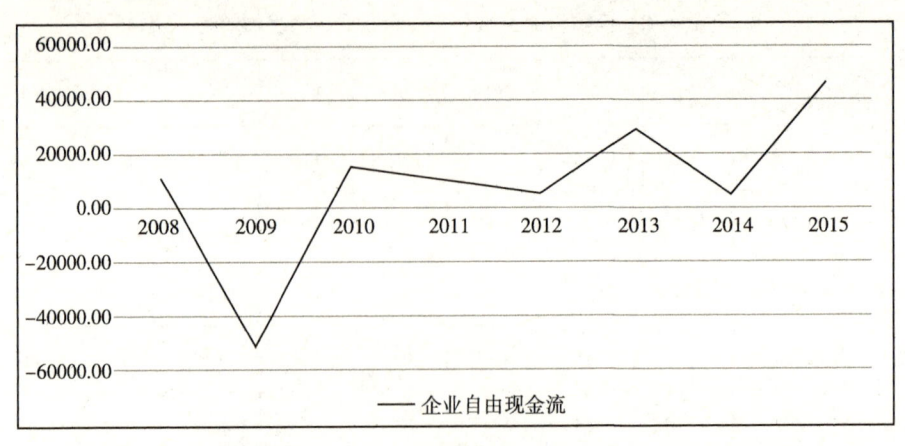

图 4-20　商贸流通上市公司企业自由现金流发展趋势（2008—2015 年）

七、财务质量

2009 至 2011 年，企业非经常损益比例呈现降低态势，2011 年后，该比例逐年增长，2015 年达到 0.87（见表 4-9，图 4-21）。

表 4-9　商贸流通上市公司财务质量发展趋势

年度 指标	2008	2009	2010	2011	2012	2013	2014	2015
非经常损益比例	-0.1170	0.6081	0.5459	0.0038	0.1842	0.3775	0.8346	0.8679

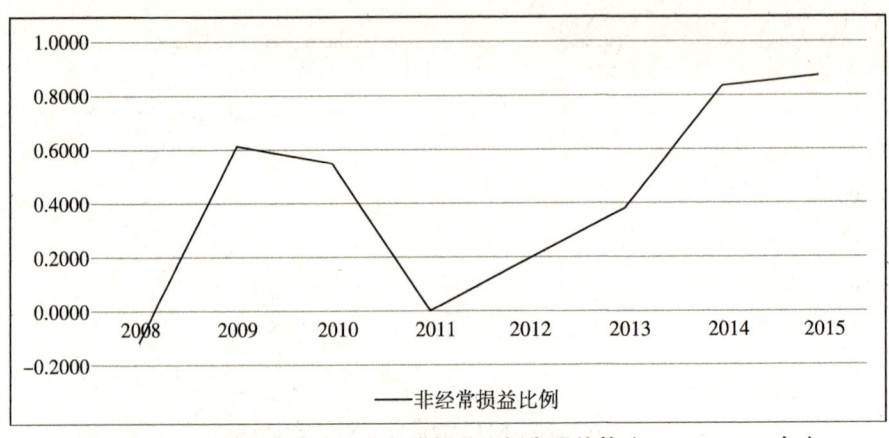

图 4-21　商贸流通上市公司非经常损益比例发展趋势（2008—2015 年）

第三节　商贸流通业上市公司发展能力的细分行业的分析与比较

一、批发业上市公司发展能力分析

1. 经营规模

表 4-10　批发业上市公司经营规模发展趋势

指标＼年度	2008	2009	2010	2011	2012	2013	2014	2015
资产总计（万元）	213236	263765	298297	335872	772369	770089	1017946	1257146
营业总收入（万元）	264100	240030	359455	445636	1566306	1643275	1457247	1854611
净利润（万元）	12165	14109	14161	15265	19513	23896	22554	22939

由表 4-10 和图 4-22，4-23，4-24 可知，批发业公司上市公司的资产总额和营业收入自 2008 年到 2015 年呈现逐年上涨趋势，其中 2012 年涨幅最大，2012 年资产总额是 2011 年资产总额的 1.30 倍，2012 年营业收入是 2011 年营业收入的 2.51 倍。批发业上市公司的净利润自 2008 年到 2015 年呈现整体上涨趋势，其中 2014 年净利润有所下降，但下降幅度不大。

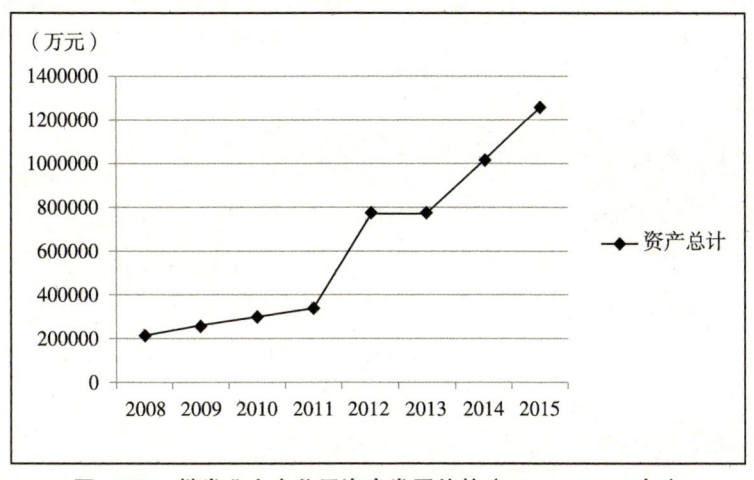

图 4-22　批发业上市公司资产发展趋势（2008—2015 年）

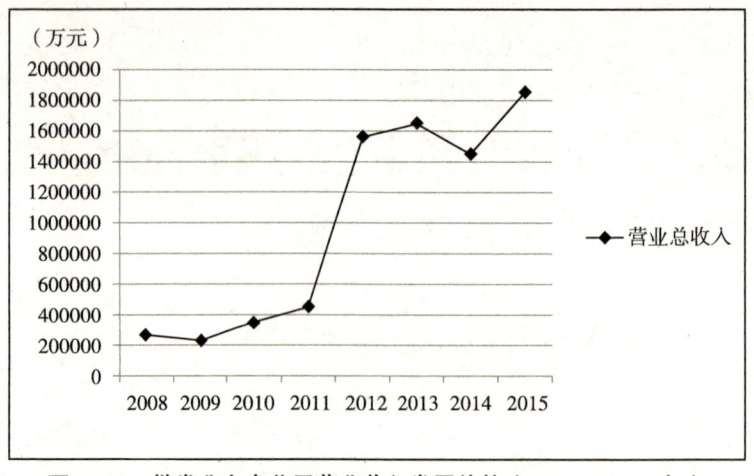

图 4-23　批发业上市公司营业收入发展趋势（2008—2015 年）

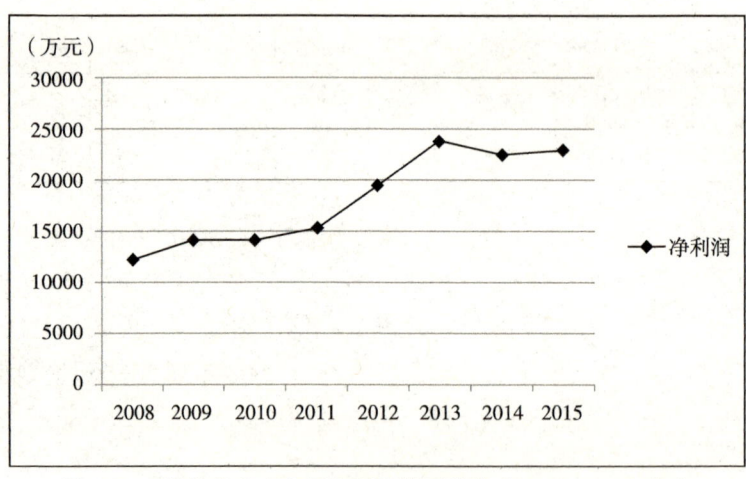

图 4-24　批发业上市公司净利润发展趋势（2008—2015 年）

2. 财富创造指数

由表 4-11 和图 4-25，4-26，4-27，4-28 可知，我国批发业上市公司的每股收益、资产负债率呈现"锯齿状"波动。其中，每股收益，2011 年上升到 0.34 元，2012 年回落到 0.25 元，2013 年上升到 0.33 元，2015 年下降到 0.31 元；净资产收益率，2010 年上升到 0.11，自 2010 年开始逐年下降，2015 年为 0，较 2008 年下降 95.45%；资产净利率保持在 0.04 左右，波动范围不大；营业毛利率保持在 0.12 左右，波动范围不大。

表 4-11　批发业上市公司财富创造能力发展趋势

年度 指标	2008	2009	2010	2011	2012	2013	2014	2015
营业毛利率	0.13	0.14	0.14	0.12	0.11	0.13	0.12	0.11
总资产净利润率	0.04	0.04	0.04	0.04	0.04	0.03	0.03	0.02
净资产收益率	0.10	0.10	0.11	0.10	0.07	0.10	0.08	0.00
基本每股收益	0.24	0.28	0.32	0.34	0.25	0.33	0.33	0.31

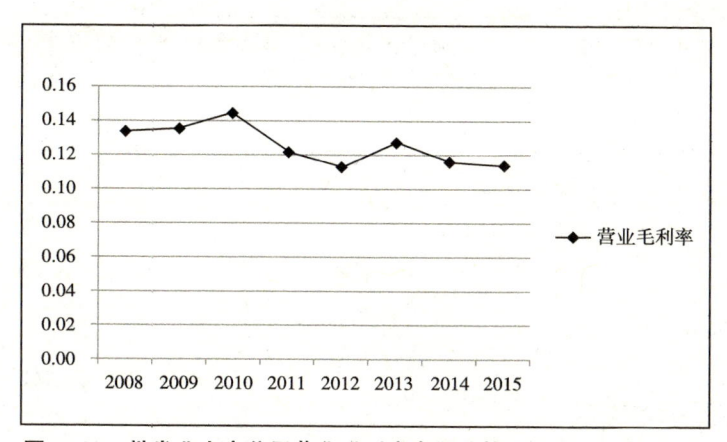

图 4-25　批发业上市公司营业毛利率发展趋势（2008—2015 年）

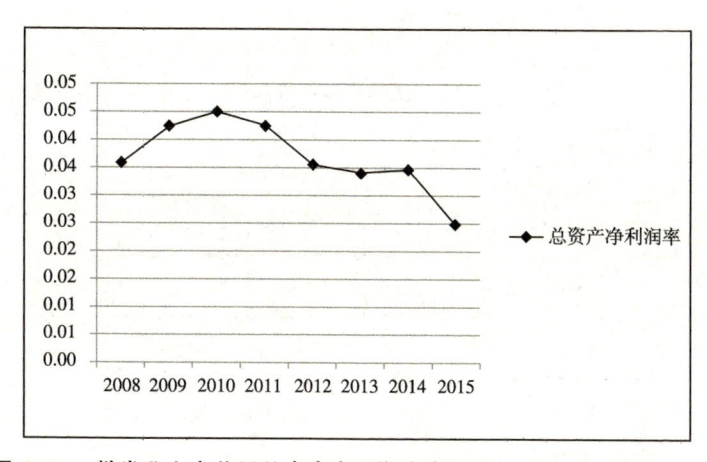

图 4-26　批发业上市公司总资产净利润率发展趋势（2008—2015 年）

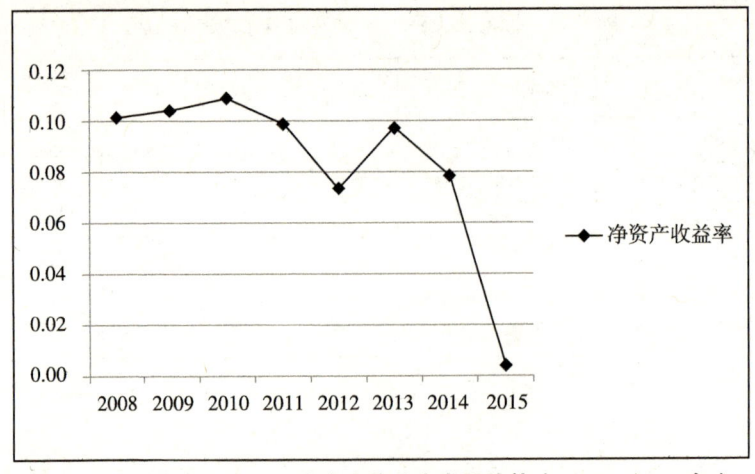

图 4-27　批发业上市公司净资产收益率发展趋势（2008—2015 年）

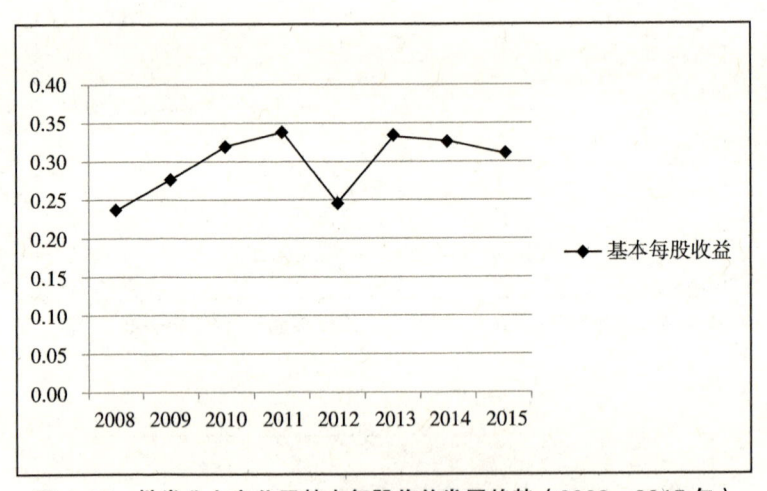

图 4-28　批发业上市公司基本每股收益发展趋势（2008—2015 年）

3. 财务稳健性

表 4-12　批发业上市公司财务稳健性发展趋势

年度 指标	2008	2009	2010	2011	2012	2013	2014	2015
流动比率	1.60	1.61	1.64	1.67	1.52	1.45	1.70	1.67
速动比率	1.14	1.13	1.19	1.20	1.09	1.05	1.31	1.30
资产负债率（%）	57	57	56	57	57	58	58	56
现金流动负债比	0.14	0.10	0.06	0.02	0.09	0.05	−0.08	0.01

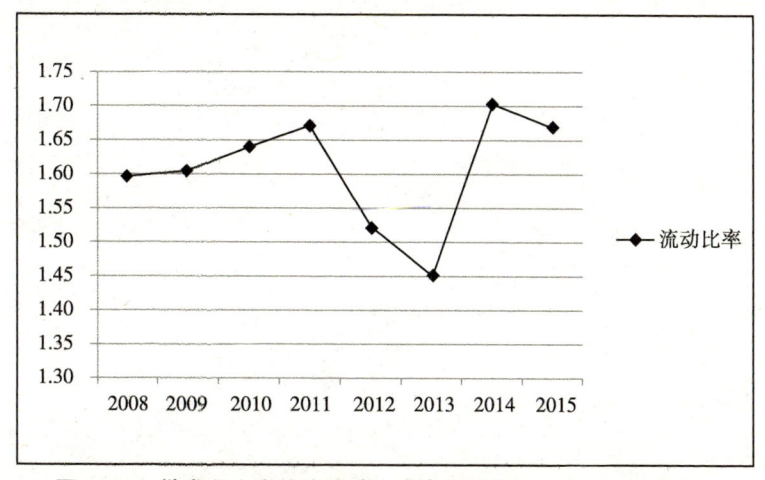

图 4-29 批发业上市公司流动比率发展趋势（2008—2015 年）

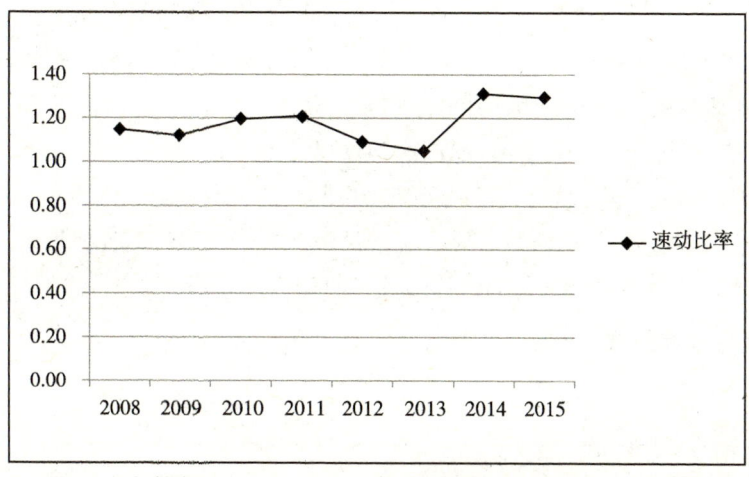

图 4-30 批发业上市公司速动比率发展趋势（2008—2015 年）

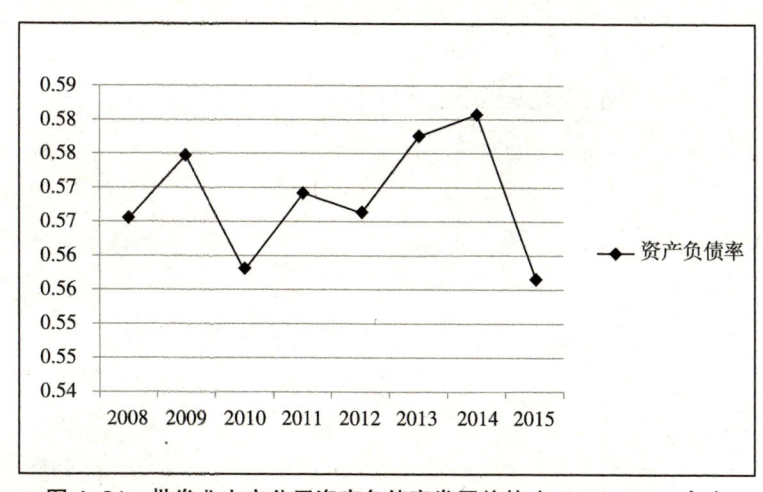

图 4-31 批发业上市公司资产负债率发展趋势（2008—2015 年）

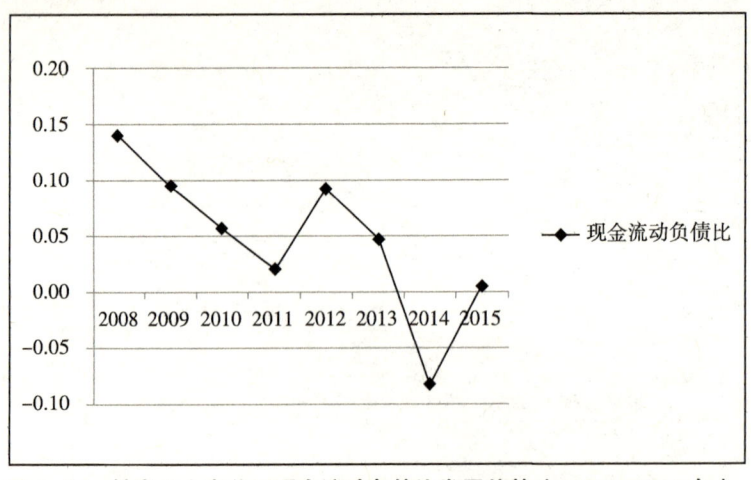

图4-32 批发业上市公司现金流动负债比发展趋势（2008—2015年）

由表4-12和图4-29，4-30，4-31，4-32可知，我国批发业上市公司流动比率、速动比率、资产负债率、现金流动负债均呈现"锯齿状"发展。其中，流动比率2011年上升到1.67，随后下降，2013年达到1.45，2014年又上升到1.70，2015年下降到1.67。速动比率2011年上升到1.20，随后下降，2013年达到1.05，2014年又上升到1.31，2015年下降到1.30。资产负债率，总体波动范围不大，围绕57附近波动。现金流动负债比，自2008年逐渐下降，2014年达到最低值-0.08，2015年有所回升，达到0.01。

4. 运营效率指数

表4-13：批发业上市公司运营效率发展趋势

年度 指标	2008	2009	2010	2011	2012	2013	2014	2015
期间费用率	0.11	0.28	0.10	0.12	0.09	0.09	0.09	0.10
存货周转率（次）	14.44	13.36	14.86	12.73	11.87	10.74	10.98	12.54
应收账款周转率（次）	65.96	976.03	3951.98	139.73	85.36	73.88	47.70	52.71
应付账款周转率（次）	18.79	42.34	70.20	83.22	73.98	30.46	29.85	85.87
总资产周转率（次）	1.60	1.55	1.68	1.88	1.81	1.81	1.55	1.48

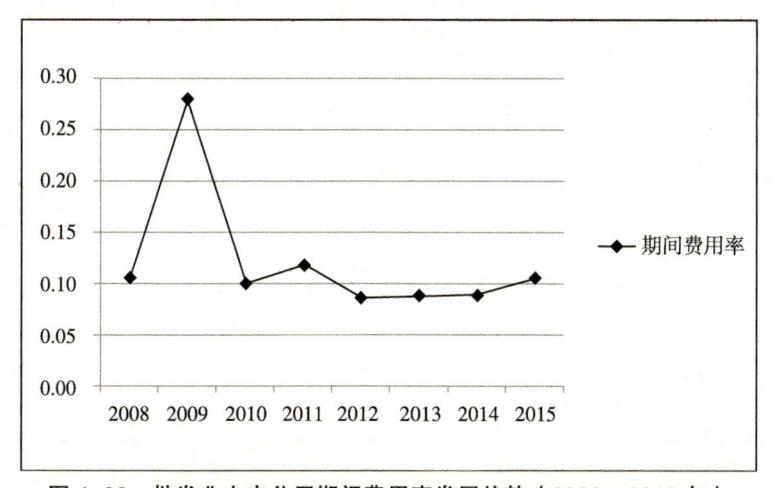

图 4-33 批发业上市公司期间费用率发展趋势（2008—2015 年）

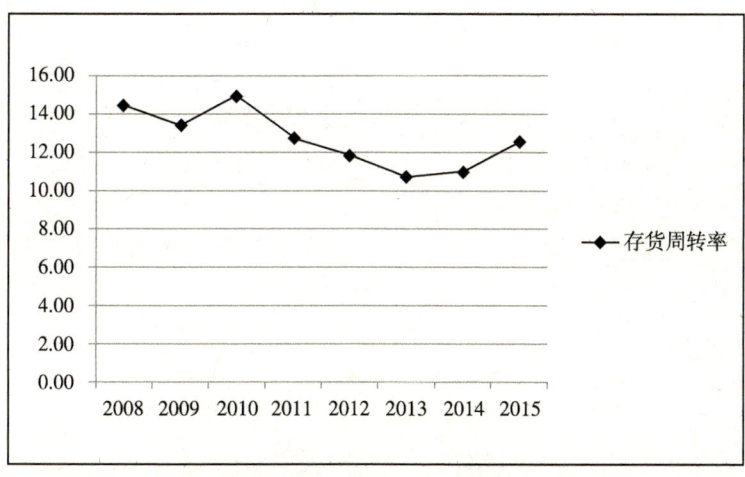

图 4-34 批发业上市公司存货周转率发展趋势（2008—2015 年）

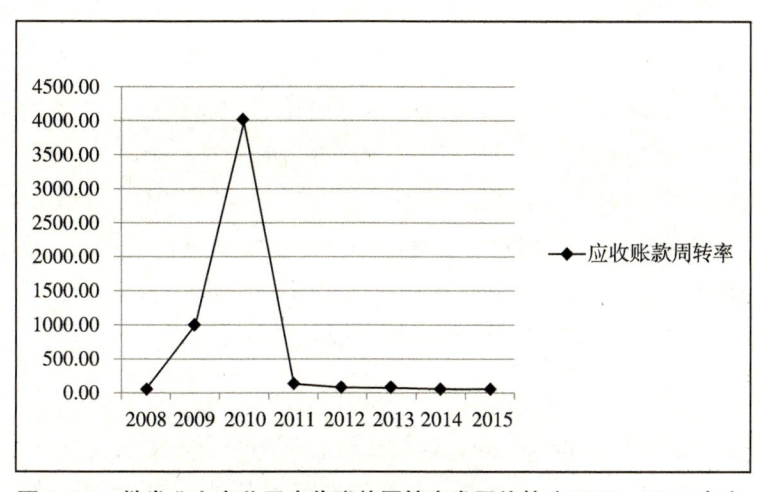

图 4-35 批发业上市公司应收账款周转率发展趋势（2008—2015 年）

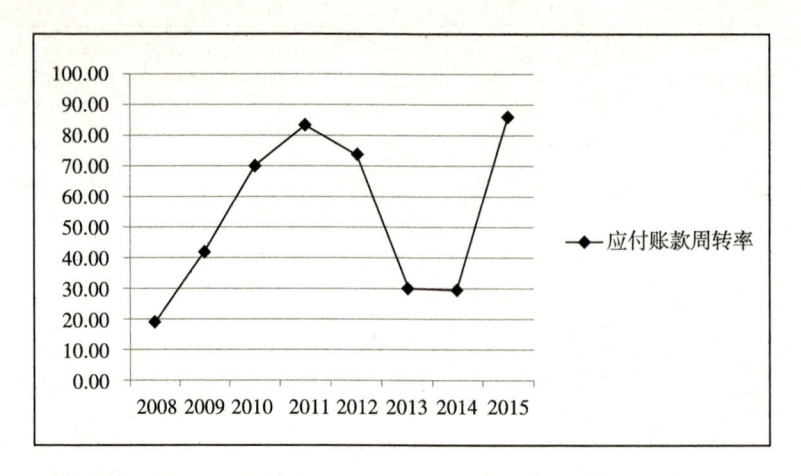

图 4-36 批发业上市公司应付账款周转率发展趋势（2008—2015 年）

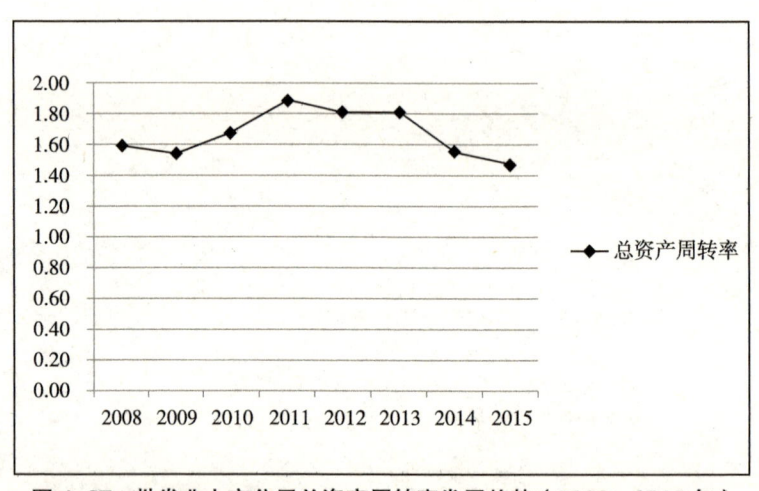

图 4-37 批发业上市公司总资产周转率发展趋势（2008—2015 年）

由表 4-13 和图 4-33，4-34，4-35，4-36，4-37，可知，我国批发业上市公司 2008 年至 2015 年的期间费用率波动较大，2009 年为 0.28，其他年份均在 0.10 左右。我国批发业上市公司的存货周转率和总资产周转率相对稳定，其中存货周转率在 12 左右，总资产周转率在 1.60 左右。而我国批发业上市公司的应收账款周转率和应付账款周转率均波动很大。其中，应收账款周转率 2010 年上升到 3951.98，较 2008 年增长了 58.92 倍，随后在 2011 年急剧下降到 139.73，降幅达到 96.5%。应付账款周转率在 2011 年上升到 83.22，随后逐年下降，2013 年下降到 30.46，随后 2015 年急剧上升到 85.87。

5. 成长能力

由表 4-14 和图 4-38，4-39，4-40，4-41 可知，我国批发业上市公司 2008 年到 2015 年营业收入周转率、营业利润周转率、净利润周转率、总资产周转率均呈现"锯齿状"波动。其中，营业收入周转率在 2008 年开始上升，2011 年达到 2.45，随后开始下降，2014 年降到 0.07，随后 2015 年回升到 0.27；营业利润增长率，2008 年开始下降，2009 年、2010 年、2011 年均为负数，随后开始上升，2014 年上升到 0.76，但跟 2008 年相比，依然处于下降趋势；净利润增长率整体上升趋势，在 2015 年达到最高值 2.02；总资产增长率除 2011 年为 0.36，其他年份均保持在 0.20 左右。

表 4-14 批发业上市公司成长能力发展趋势

指标 \ 年度	2008	2009	2010	2011	2012	2013	2014	2015
营业总收入周转率	0.24	0.17	0.83	2.45	0.29	0.11	0.07	0.27
营业利润增长率	6.46	−2.66	−1.04	−0.18	0.18	0.20	0.76	0.47
净利润增长率	−0.27	−0.09	0.57	−0.33	−0.25	0.23	−0.13	2.02
总资产增长率	0.21	0.22	0.14	0.36	0.12	0.15	0.20	0.18

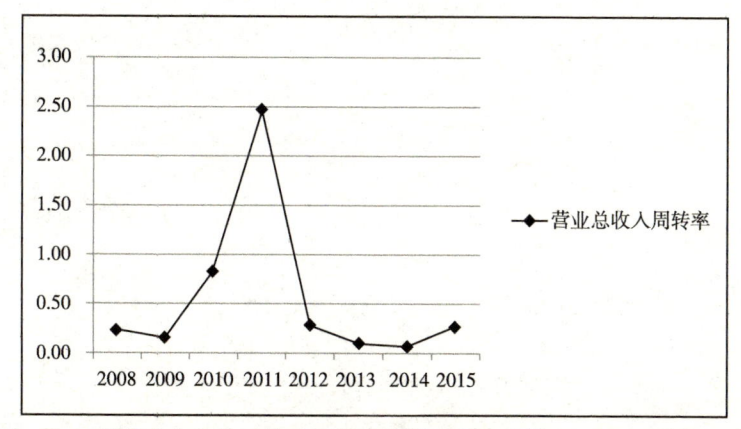

图 4-38 批发业上市公司营业总收入周转率发展趋势（2008—2015 年）

图 4-39 批发业上市公司营业利润增长率发展趋势（2008—2015 年）

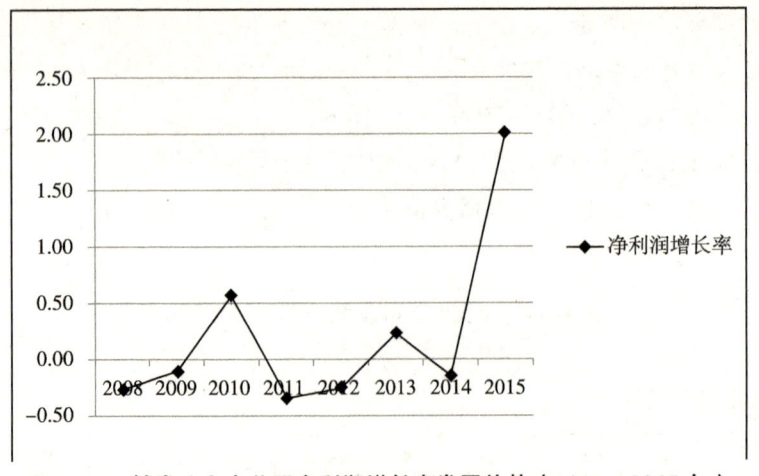

图 4-40　批发业上市公司净利润增长率发展趋势（2008—2015 年）

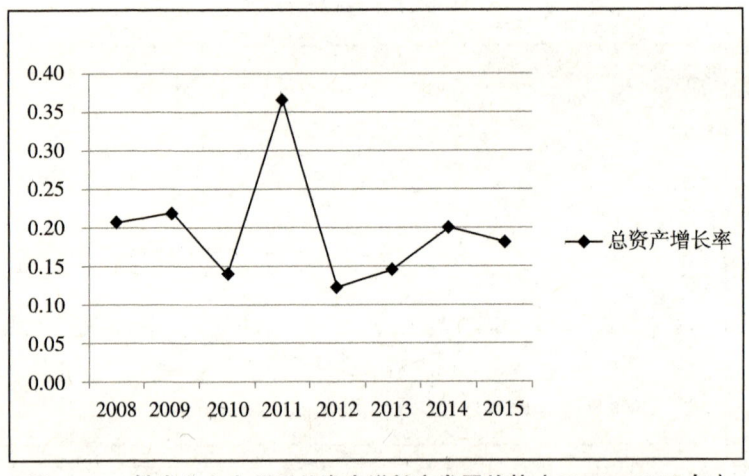

图 4-41　批发业上市公司总资产增长率发展趋势（2008—2015 年）

6. 现金获取能力

由表 4-15 和图 4-42，4-43，4-44，4-45，4-46 可知，我国批发业上市公司的营业收入现金净含量、净利润现金净含量、营业利润现金净含量、企业自由现金流均呈现"锯齿状"形态发展。其中，营业收入现金净含量 2008 年到 2013 年均在 0.00 附近，2015 年急剧上升到 0.16；净利润现金净含量，2010 年急剧下降到 -0.24，随后 2011 年开始大幅上升，2012 年上升到 1.65，2013 年开始急剧下降，2014 年下降到 -2.6，2015 年又迅速上升到 2.12；营业利润现金净含量，在 2014 年达到最大值 9.39，2015 年又迅速下降到 -3.36；企业自由现金流，2014 年降低到 -15406，而 2012 年则达到最高值 31824。此外，营业收入现金含量变化较为稳定，在 1.00 上下浮动。

表 4–15 批发业上市公司现金获取能力发展趋势

指标 \ 年度	2008	2009	2010	2011	2012	2013	2014	2015
营业收入现金含量	1.06	1.34	1.42	1.04	1.16	1.09	1.03	1.08
营业收入现金净含量	0.01	0.01	0.03	0.01	0.02	−0.02	−0.09	0.16
净利润现金净含量	2.15	2.25	−0.24	0.49	1.65	−0.03	−2.60	2.12
营业利润现金净含量	−1.30	0.92	−0.26	−2.84	0.48	−0.18	9.39	−3.36
企业自由现金流（万元）	7876	−869	−12396	5864	31824	−2857	−15406	−232

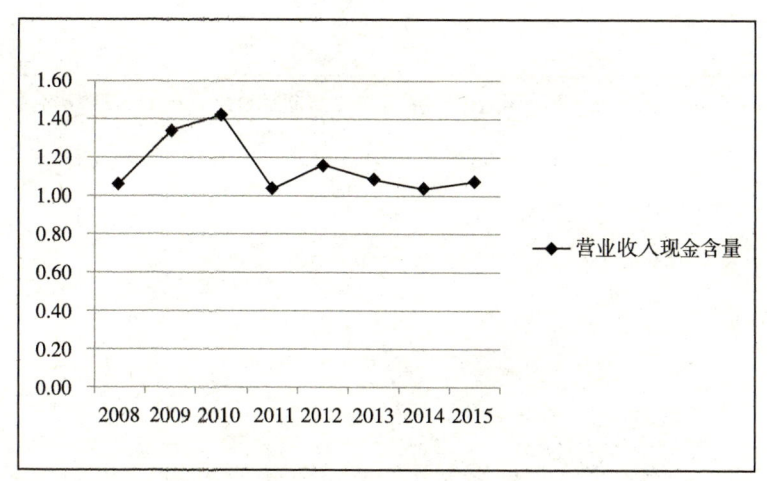

图 4-42 批发业上市公司营业收入现金含量发展趋势（2008—2015 年）

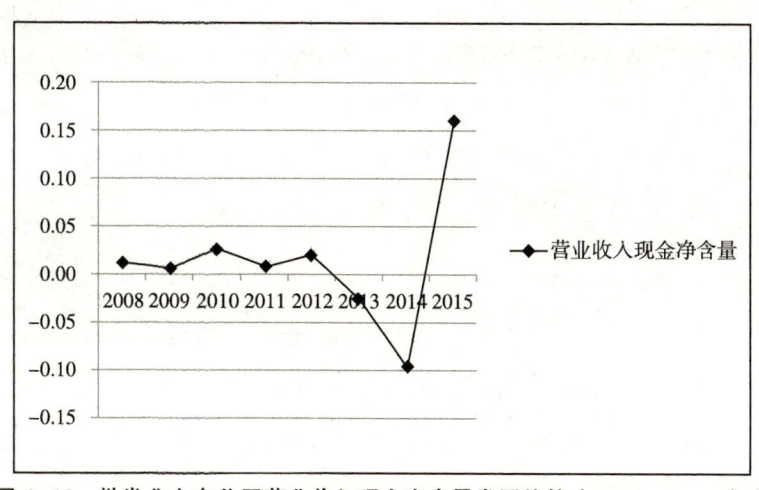

图 4-43 批发业上市公司营业收入现金净含量发展趋势（2008—2015 年）

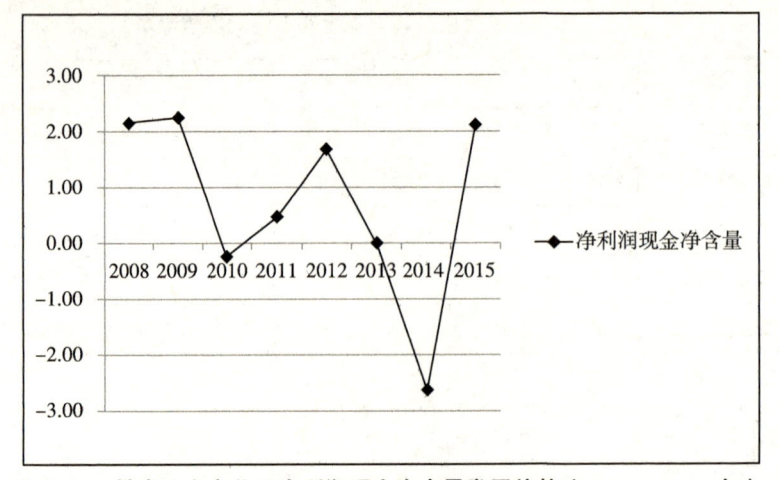

图 4-44 批发业上市公司净利润现金净含量发展趋势（2008—2015 年）

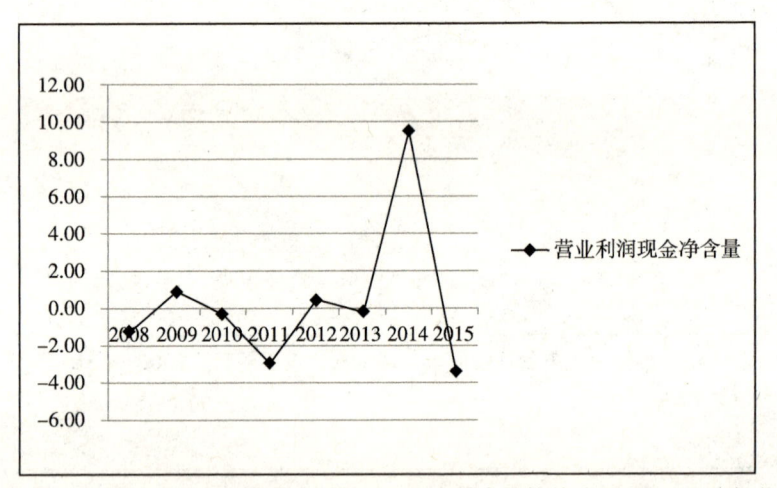

图 4-45 批发业上市公司营业利润现金净含量发展趋势（2008—2015 年）

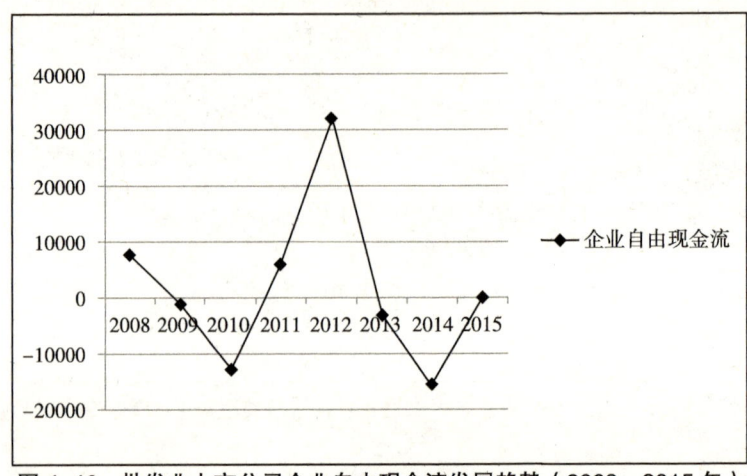

图 4-46 批发业上市公司企业自由现金流发展趋势（2008—2015 年）

7. 财务质量

由表 4-16 和图 4-47 可以看出，我国批发业上市公司的非经常损益比例字 2008 年到 2015 年整体波动很大，最大值为 2014 年的 2.21，最小值为 2008 年的 -1.27，整体表现为波动式上升的过程。

表 4-16　批发业上市公司财务质量发展趋势

指标＼年度	2008	2009	2010	2011	2012	2013	2014	2015
非经常损益比例	-1.27	1.44	1.17	-0.63	1.02	0.58	2.21	1.44

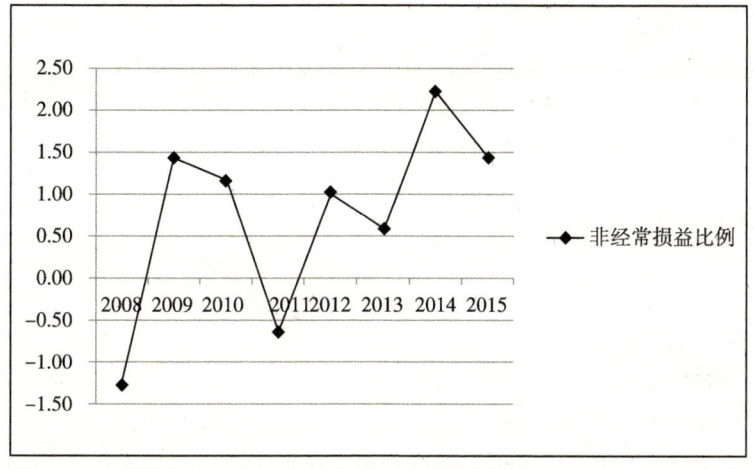

图 4-47　批发业上市公司非经常损益比例发展趋势（2008—2015 年）

二、零售业上市公司发展能力分析

1. 经营规模

由表 4-17 和图 4-48，4-49，4-50 可知，我国零售业上市公司 2008—2015 年的资产总额、营业收入、净利润均呈现总体上涨趋势。其中资产总额，直线上涨，由 2008 年的 203261.2 万元增长到 2015 年的 938572.1，增长幅度达到接近 4 倍。营业收入由 2008 年的 201944.9 万元增长到 2015 年的 1156589 万元，增长幅度接近 5 倍。净利润由 2008 年的 9038.621 万元，增长到 2015 年的 26396.2 万元，增幅也接近 2 倍。这说明我国零售业上市公司的经营规模整体呈"迅速扩张"式发展。

表 4-17　零售业上市公司经营规模发展趋势

指标＼年度	2008	2009	2010	2011	2012	2013	2014	2015
资产总额（万元）	203261.2	250739.4	299915.6	402966.8	651822.8	729244.3	788550.2	938572.1
营业收入（万元）	201944.9	217484.5	264808.6	315437.3	833282.3	856804.7	947011.3	1156589
净利润（万元）	9038.621	12458.7	13681.14	15502.77	26506.38	23712.86	26990.67	26396.2

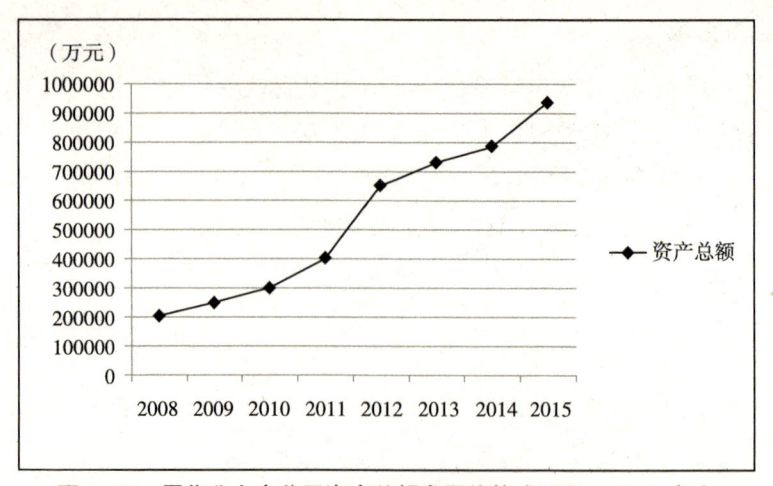

图 4-48　零售业上市公司资产总额发展趋势（2008—2015 年）

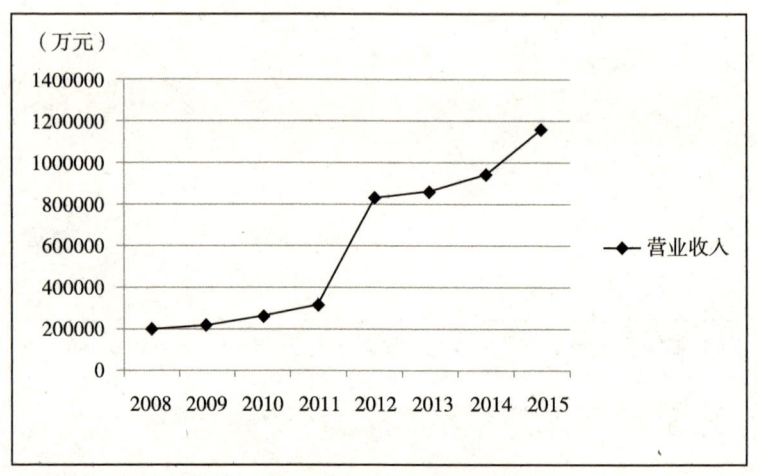

图 4-49　零售业上市公司营业收入发展趋势（2008—2015 年）

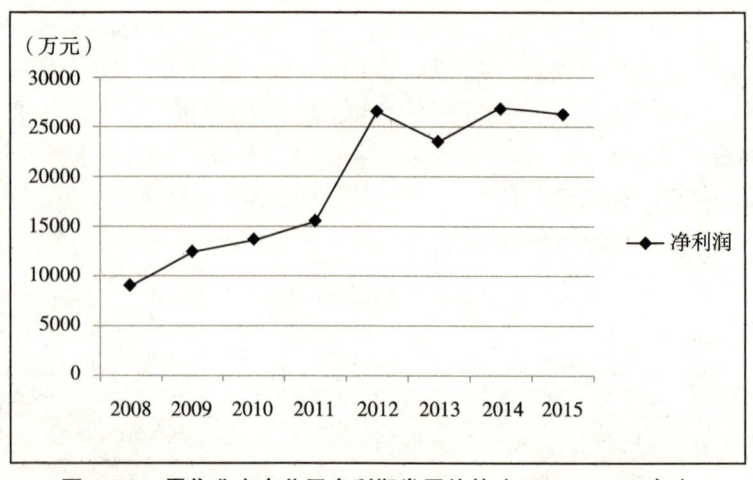

图 4-50　零售业上市公司净利润发展趋势（2008—2015 年）

2. 财富创造指数

由表 4-18 和图 4-51 至 4-54 可知，我国零售业上市公司的销售毛利率呈现稳步上涨趋势，2008 年到 2014 年维持在 0.025 左右，到 2014 年上涨到 0.217，2015 年稳步在 0.018，说明我国零售业上市公司在 2014 年和 2015 年销售盈利状况得到极大改善。我国零售业上市公司的资产净利率 2008 年到 2015 年整体变动不大，稳定在 0.04 左右。净资产收益率变化较大，在 2010 年达到最大值 0.185，随后逐年下降，在 2015 年下降到 0.074，与 2008 年的净资产收益率持平。每股收益呈现整体上涨趋势，由 2008 年的 0.274 增长到 2013 年的 0.474，涨幅达到 73%，随后 2014 年开始下降，2015 年下降到 0.409，但相比 2008 年涨幅仍然达到 49.27%。

表 4-18　零售业上市公司财富创造能力发展趋势

年度 指标	2008	2009	2010	2011	2012	2013	2014	2015
销售毛利率	0.206	0.205	0.206	0.203	0.204	0.208	0.217	0.218
资产净利率	0.034	0.042	0.047	0.052	0.043	0.042	0.041	0.032
净资产收益率	0.079	0.049	0.185	0.11	0.112	0.11	0.099	0.074
每股收益	0.274	0.342	0.347	0.382	0.418	0.474	0.461	0.409

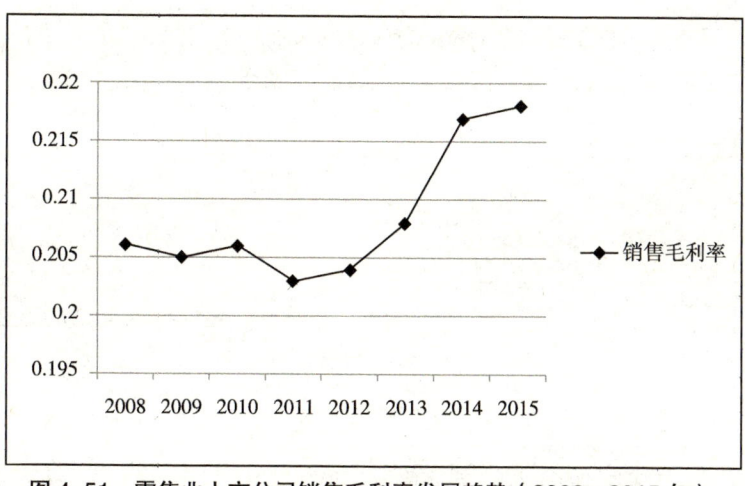

图 4-51　零售业上市公司销售毛利率发展趋势（2008—2015 年）

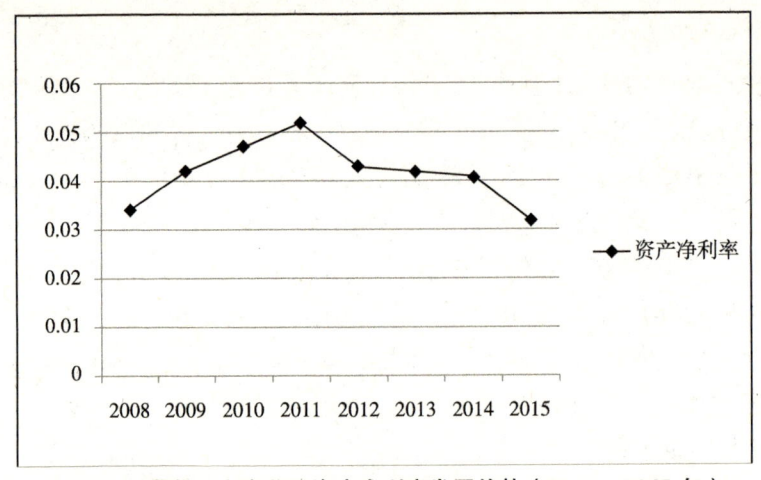

图 4-52 零售业上市公司资产净利率发展趋势（2008—2015 年）

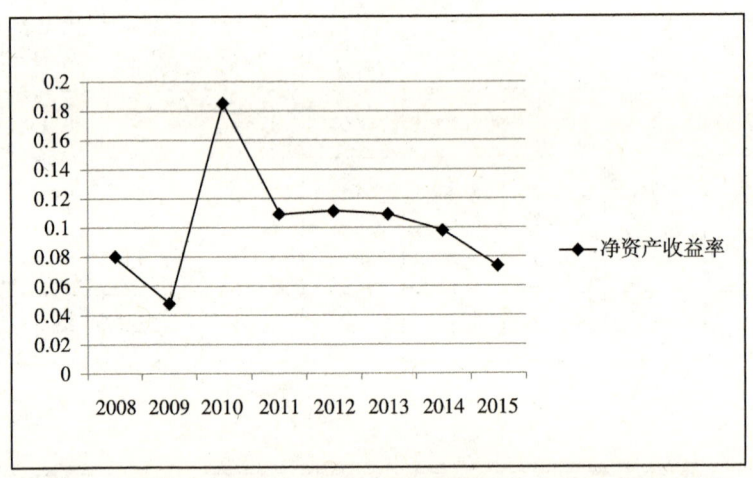

图 4-53 零售业上市公司净资产收益率发展趋势（2008—2015 年）

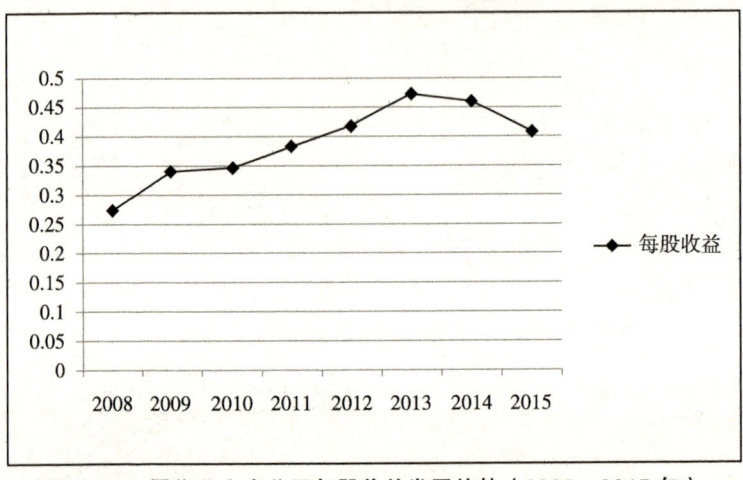

图 4-54 零售业上市公司每股收益发展趋势（2008—2015 年）

3. 财务稳健性

由表 4-19 和图 4-55 至 4-58 可知，我国零售业上市公司的流动比率在 2008 年开始上升，2013 年提高到 1.341，随后开始小幅下降，2015 年下降到 1.298，但相比 2008 年依然涨幅达到 33.68%。同流动比率的变化类似，速动比率自 2008 年开始上升，2013 年上升到 0.957，随后开始小幅下降，2015 年下降到 0.921。资产负债率 2008 年为 58.576%，随后上升，2010 年达到 60.319%，随后开始下降，2015 年下降到 54.652。现金流动负债率也呈现出波动式下降的趋势，2008 年为 0.158，2009 年上升到 0.176，随后开始下降，2011 年降到 0.1，然后 2012 年又小幅提升到 0.136，随后整体下降趋势，2015 年下降到 0.091，相比 2008 年降幅达到 42.4%。整体而言，我国零售业上市公司的流动比率、速动比率变化相对稳定，但资产复制率、现金流动负债比则变化比较大，财务稳健性整体表现出相对稳健的趋势。

表 4-19 零售业上市公司财务稳健性发展趋势

指标＼年度	2008	2009	2010	2011	2012	2013	2014	2015
流动比率	0.971	1.04	1.07	1.171	1.241	1.341	1.32	1.298
速动比率	0.725	0.782	0.759	0.813	0.85	0.957	0.926	0.921
资产负债率	58.576	58.595	60.319	59.053	57.804	57.053	55.272	54.652
现金流动负债比	0.158	0.176	0.151	0.1	0.136	0.104	0.084	0.091

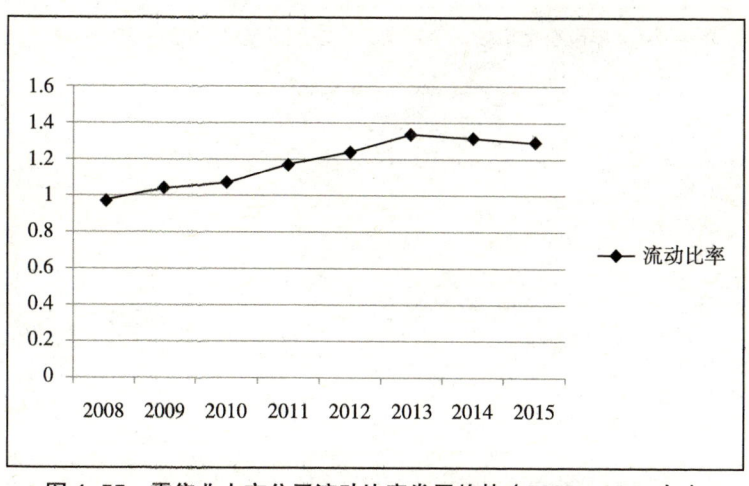

图 4-55 零售业上市公司流动比率发展趋势（2008—2015 年）

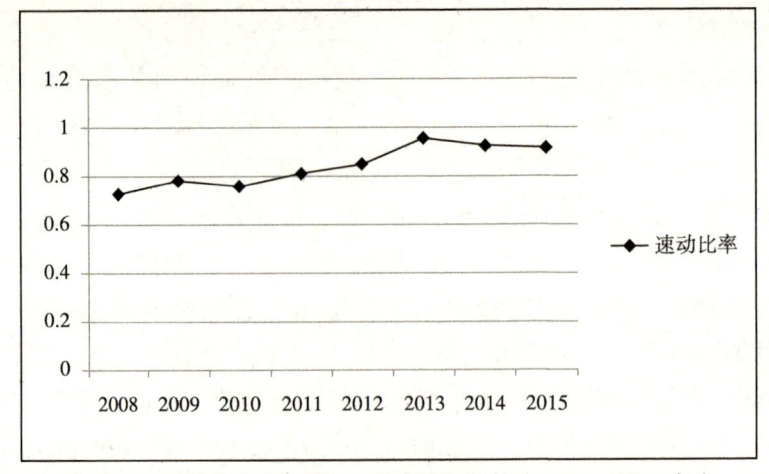

图 4-56　零售业上市公司速动比率发展趋势（2008—2015 年）

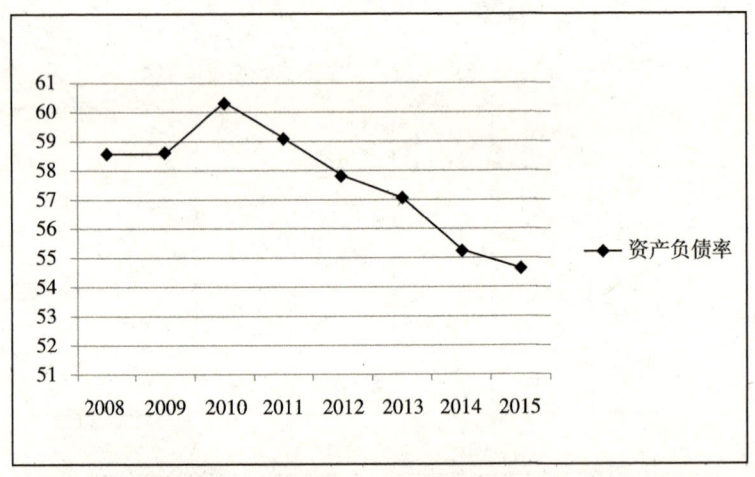

图 4-57　零售业上市公司资产负债率发展趋势（2008—2015 年）

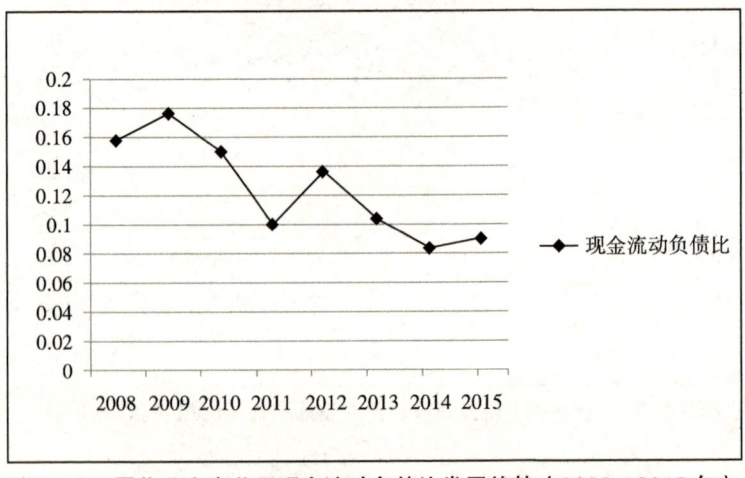

图 4-58　零售业上市公司现金流动负债比发展趋势（2008—2015 年）

4. 运营效率

由表 4-20 和图 4-59 至 4-63 可知，我国零售业上市公司的期间费用率呈现出倒"U"型发展趋势，2008 年为 0.169，随后开始下降，2010、2011、2012 年均为 0.162，随后开上升，到 2015 年上升到 0.181，相比 2010 年涨幅在 11.73%。存货周转率在 2008 年为 15.488，2009 年至 2013 年一直保持在 14.5 附近波动，2014 年突然上涨到 15.931，2015 年上涨到 22.028，相比 2008 年涨幅达到 42.23%。应收账款周转率在 2008 年为 31236.521，随后 2009 急剧下降为 1474.677，降幅达到 95.28%，2010 年之后保持相对平稳的下降，2015 年下降到 344.166，相比 2008 年降幅达到 98.90%，应收账款周转率波动浮动整体很大。应付账款周转率在 2008 年为 9.342，随后开始平稳上升，2015 年上升到 11.812，相比 2008 年涨幅为 26.44%。总资产周转率在 2008 年为 1.206，随后小幅上涨，2012 年上涨到 1.229，随后开始下降，2015 年下降到 1.065，相比 2008 年降幅为 11.69%。

表 4-20 零售业上市公司运营效率发展趋势

年度 指标	2008	2009	2010	2011	2012	2013	2014	2015
期间费用率	0.169	0.166	0.162	0.162	0.162	0.165	0.175	0.181
存货周转率	15.488	14.87	13.627	14.437	13.34	14.02	15.931	22.028
应收账款周转率	31236.521	1474.677	1167.762	444.374	507.296	904.314	1372.852	344.116
应付账款周转率	9.342	9.708	10.294	10.296	11.808	11.104	9.672	11.812
总资产周转率	1.206	1.226	1.265	1.278	1.229	1.189	1.094	1.065

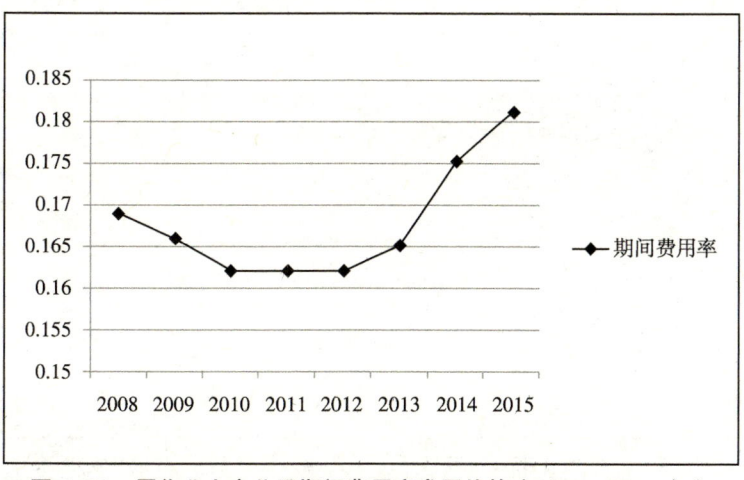

图 4-59 零售业上市公司期间费用率发展趋势（2008—2015 年）

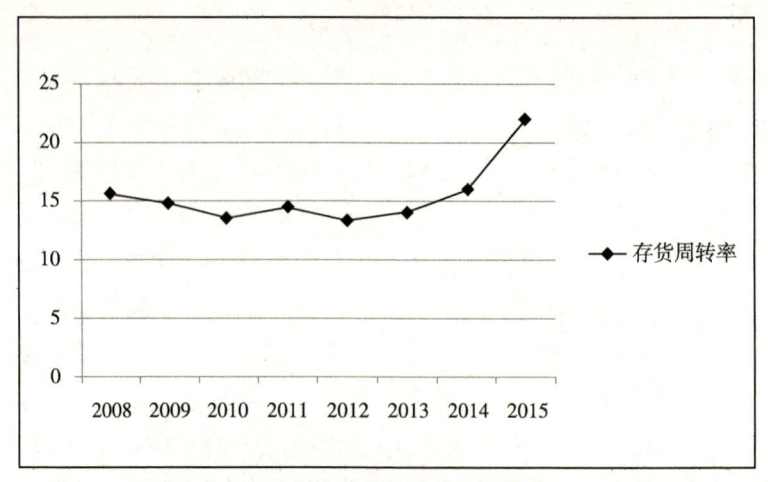

图 4-60　零售业上市公司存货周转率发展趋势（2008—2015 年）

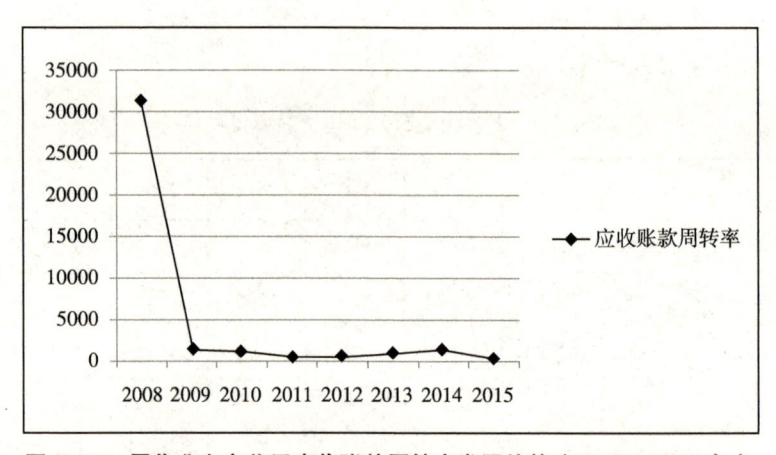

图 4-61　零售业上市公司应收账款周转率发展趋势（2008—2015 年）

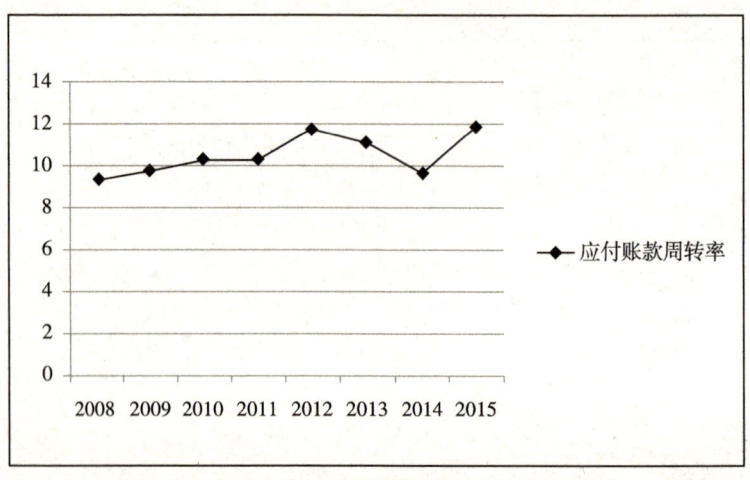

图 4-62　零售业上市公司应付账款周转率发展趋势（2008—2015 年）

总资产周转率

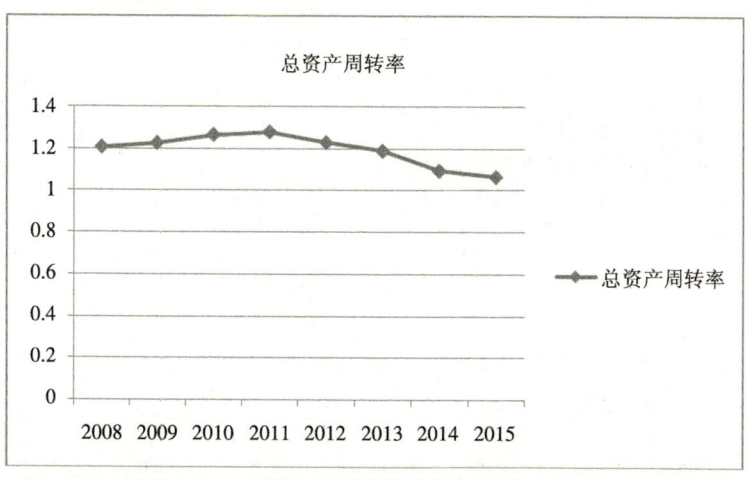

图 4-63 零售业上市公司总资产周转率发展趋势（2008—2015 年）

5. 成长能力指数

由表 4-21 和图 4-64 至 4-67 可知，我国零售业上市公司的营业收入增长率 2008 年为 0.128，随后一直相对稳定，保持在 0.1 左右，但 2015 年突然急剧增长到 4.592，相比 2008 年涨幅为 34.88 倍。我国零售业上市公司的营业利润增长率在 2008 年为 0.987，2009 年开始下降，到 2010 年为 0.05，随后开始上升，2012 年上升到 2.625，相比 2008 年涨幅在 1.66 倍，随后开始下降，2014 下降到 -0.008，而在 2015 年又急剧上升到 2.141，整体来看营业利润增长率波动幅度很大。净利润增长率在 2008 年为 0.028，随后开始上升，2010 年上升到 1.794，随后开始下降，2012 年下降到 0.202，随后开始上升，2015 年上升到 0.93，相比 2008 年涨幅在 32.21 倍。资产总额增长率在 2008 年为 0.083，随后开始上升，2010 年上升到 0.263，随后开始下降，2013 年下降到 0.103，随后开始上升，2015 年为 0.99，相比 2008 年涨幅达到 10.93 倍。

表 4-21 批发业上市公司成长能力发展趋势

年度 指标	2008	2009	2010	2011	2012	2013	2014	2015
营业收入增长率	0.128	0.163	0.252	0.263	0.124	0.069	0.033	4.592
营业利润增长率	0.987	0.243	0.05	0.819	2.625	0.962	-0.008	2.141
净利润增长率	0.028	0.617	1.794	1.216	0.119	0.202	0.39	0.93
资产总额增长率	0.083	0.13	0.263	0.246	0.118	0.103	0.137	0.99

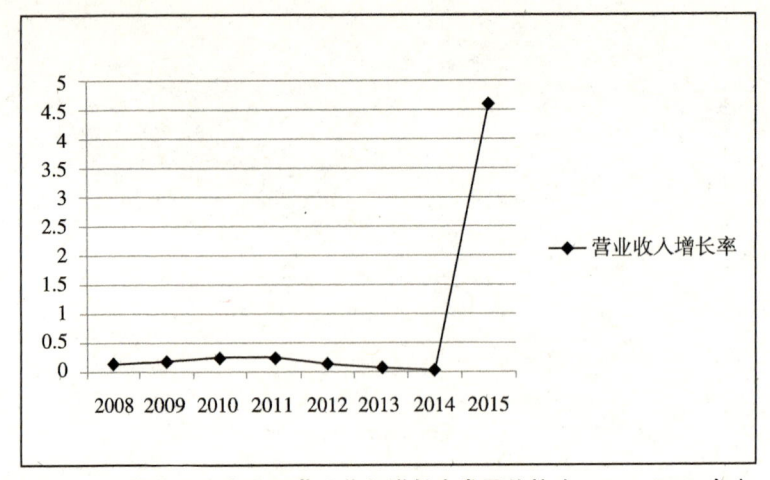

图 4-64　零售业上市公司营业收入增长率发展趋势（2008—2015 年）

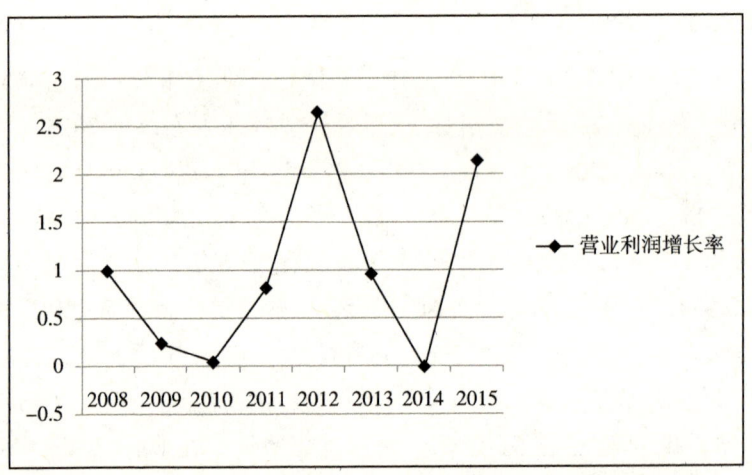

图 4-65　零售业上市公司营业利润增长率发展趋势（2008—2015 年）

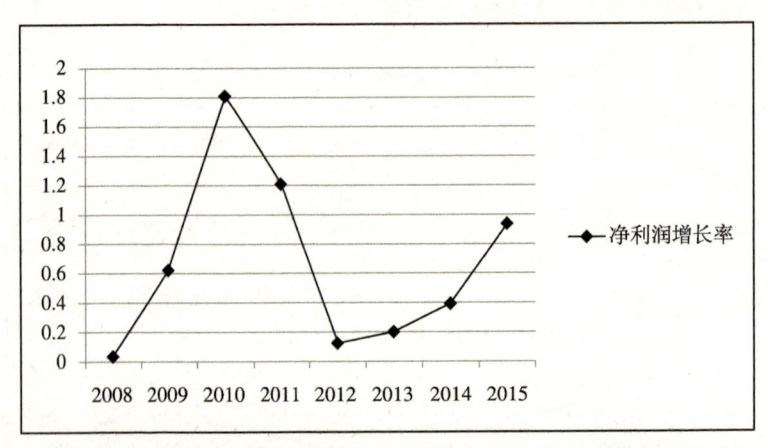

图 4-66　零售业上市公司净利润增长率发展趋势（2008—2015 年）

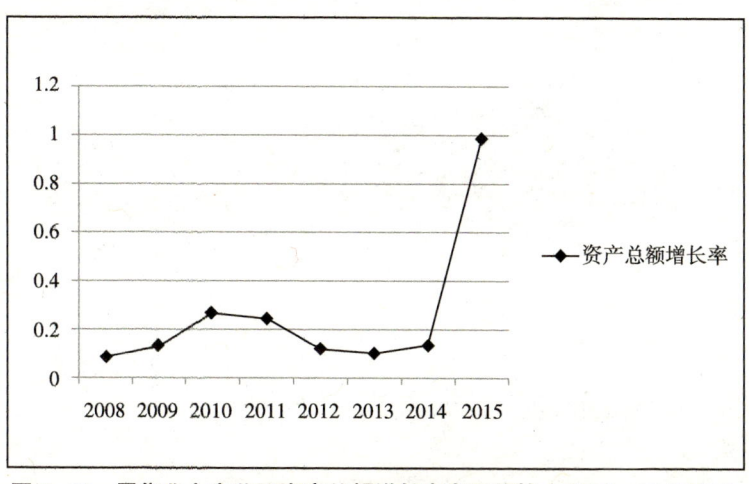

图 4-67　零售业上市公司资产总额增长率发展趋势（2008—2015 年）

6. 现金获取能力

由表 4-22 和图 4-68 至 4-72 可知，我国零售业上市公司营业收入现金含量 2008 年为 1.14，随后开始上升，2010 年达到 1.149，随后开始下降，2015 年下降为 1.083，降幅仅为 5%，说明营业收入现金含量相对稳定。营业收入现金净含量 2008 年为 0.072，随后呈现整体下降的趋势，2015 年为 0.03，相比 2008 年降幅达到 58.33%。净利润现金净含量 2008 年为 2.135，2009 年急剧上升到 8.216，随后在 2010 年下降到 1.903，说明净利润现金净含量波动较大。营业利润现金净含量 2008 年为 1.586，在 2010 年急剧上升到 9.523，而在 2015 年又急剧下降到 -1.213，说明营业利润现金净含量波动较大。企业自由现金流，最大值在 2014 年为 21904.581，最小值在 2012 年为 -4719.632，说明企业自由现金流波动较大。

表 4-22　零售业上市公司现金获取能力发展趋势

年度 指标	2008	2009	2010	2011	2012	2013	2014	2015
营业收入现金含量	1.14	1.14	1.149	1.137	1.121	1.114	1.112	1.083
营业收入现金净含量	0.072	0.075	0.044	0.038	0.05	0.039	0.032	0.03
净利润现金净含量	2.135	8.216	1.903	1.55	1.239	1.722	0.779	1.67
营业利润现金净含量	1.586	1.842	3.668	9.523	0.239	1.877	1.078	-1.213
企业自由现金流	3803.818	-3859.299	-2313.575	3457.593	-4719.632	8304.709	21904.581	9297.762

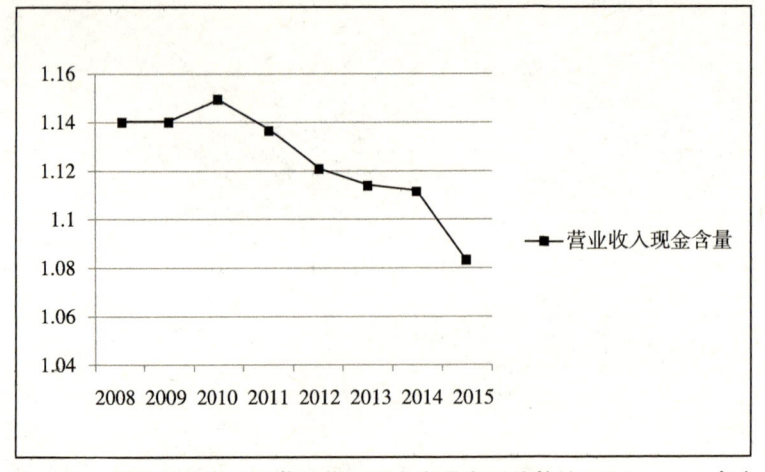

图 4-68　零售业上市公司营业收入现金含量发展趋势（2008—2015 年）

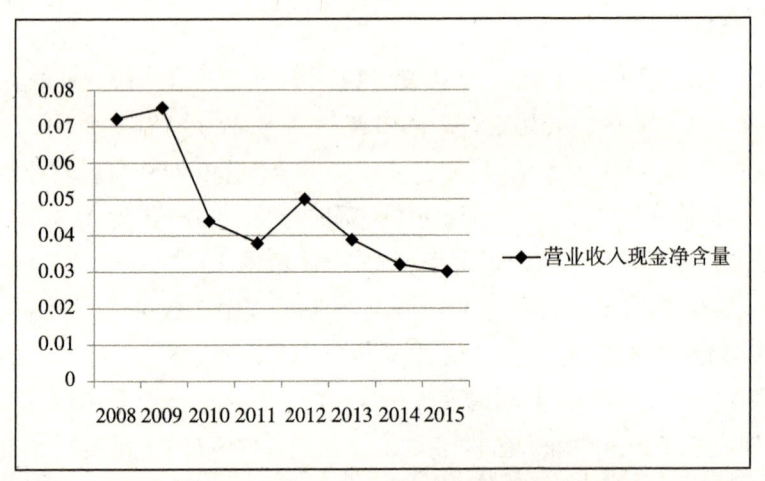

图 4-69　零售业上市公司营业收入现金净含量发展趋势（2008—2015 年）

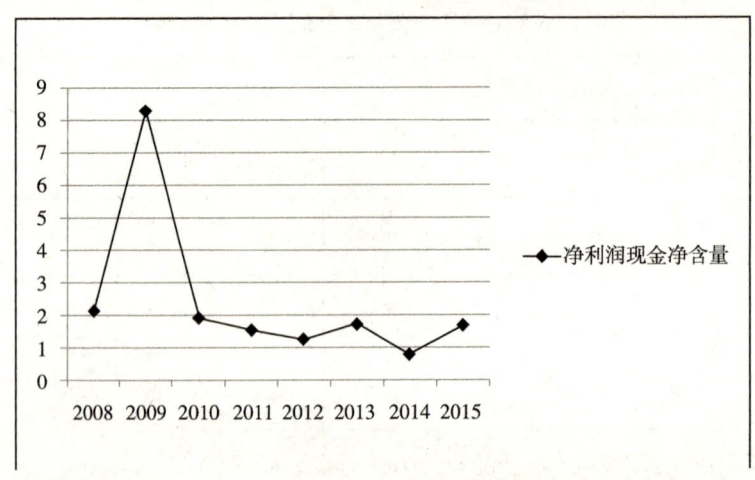

图 4-70　零售业上市公司净利润现金净含量发展趋势（2008—2015 年）

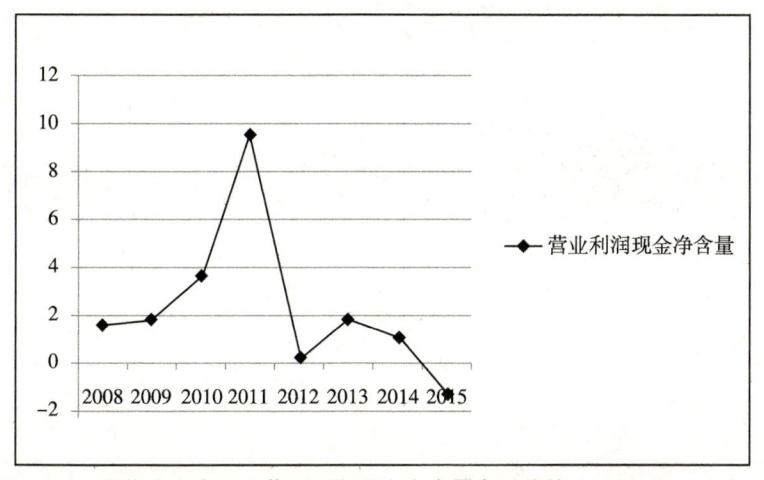

图 4-71　零售业上市公司营业利润现金净含量发展趋势（2008—2015 年）

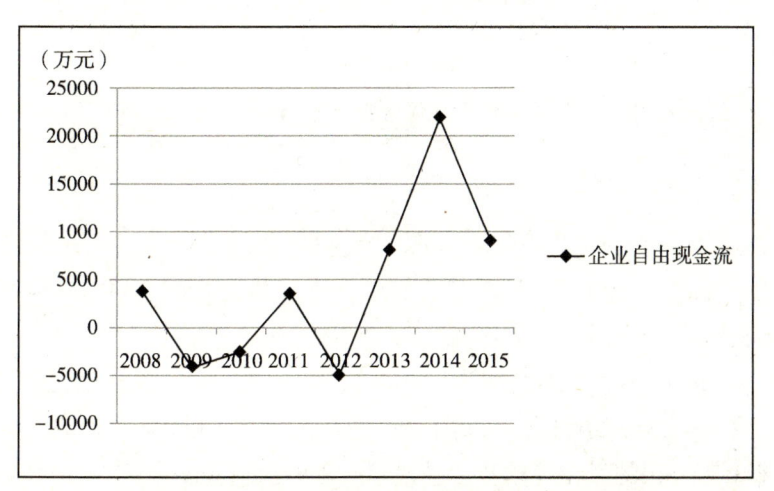

图 4-72　零售业上市公司企业自由现金流发展趋势

7. 财务质量

由表 4-23 和图 4-73 可知，非经常损益比率最大值为在 2015 年为 1.045，最小值在 2012 年为 -0.747，整体来看，非经常损益比率波动较大。

表 4-23　零售业上市公司财务质量发展趋势

年度 指标	2008	2009	2010	2011	2012	2013	2014	2015
非经常损益比率	0.22	0.714	0.171	0.314	-0.747	0.214	0.301	1.045

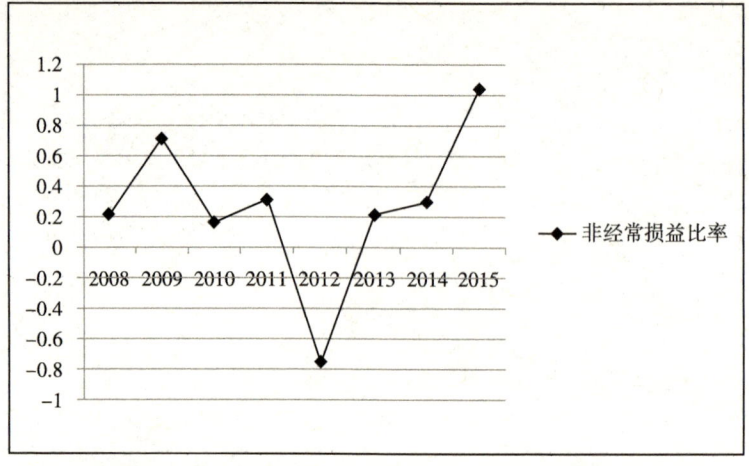

图 4-73　零售业上市公司非经常损益比率发展趋势（2008—2015 年）

三、运输业上市公司发展能力分析

1. 经营规模

由表 4-24 和图 4-74 至 4-76 可知，我国运输业上市公司资产总额、营业收入、净利润均呈现总体上涨趋势。其中，资产总额 2008 年为 1395876，随后整体上涨趋势，2015 年为 3305841，是 2008 年资产总额的 1.37 倍；营业收入 2008 年为 666807，2015 年上涨到 1181050，相比 2008 年涨幅 77.12%；净利润 2008 年为 16171.35，2015 年上涨到 120303，涨幅为 2008 年的 4 倍。这说明我国运输业上市公司的经营规模整体呈现不断扩大的趋势。

表 4-24　运输业上市公司经营规模发展趋势

单位：万元

年度 指标	2008	2009	2010	2011	2012	2013	2014	2015
资产总额	1395876.372	1521490.874	1788196.838	1957915.761	2724267.144	2920776.835	2840576.974	3305841.037
营业收入	666807.077	421709.433	581835.739	660736.746	1176175.164	1271927.029	1336473.826	1181050.495
净利润	16171.359	55346.569	101184.905	94122.536	74155.411	78852.629	118169.159	120303.089

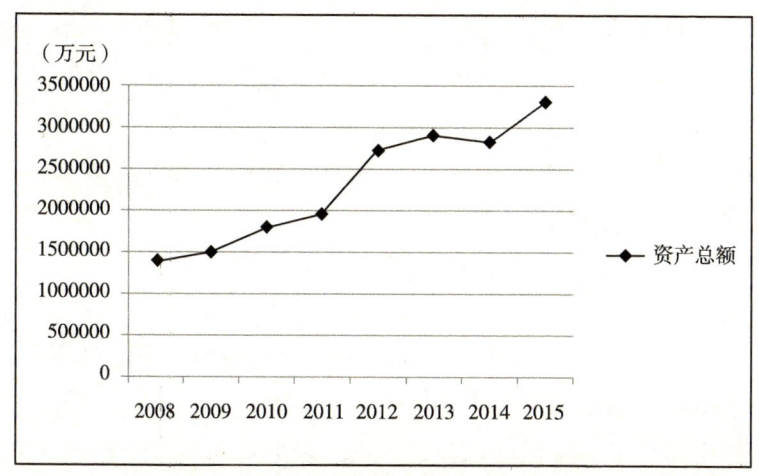

图 4-74　运输业上市公司资产总额发展趋势（2008—2015 年）

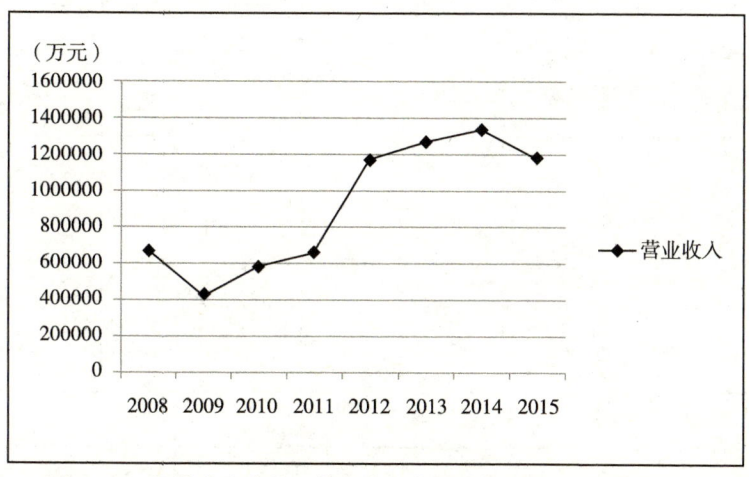

图 4-75　运输业上市公司营业收入发展趋势（2008—2015 年）

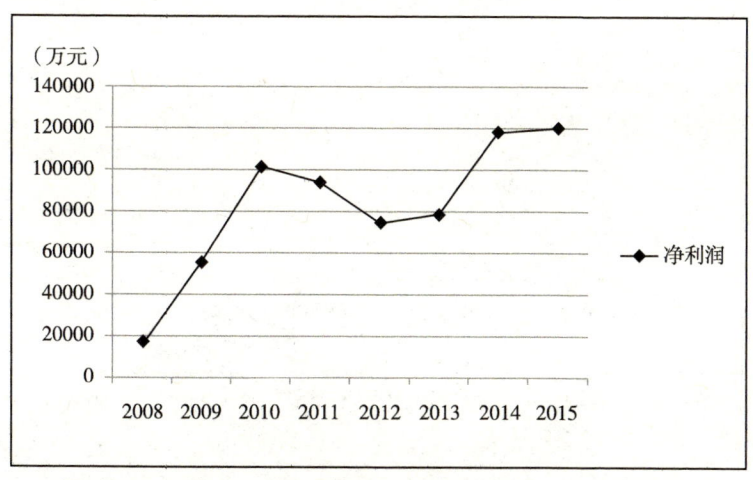

图 4-76　运输业上市公司净利润发展趋势（2008—2015 年）

2. 财富创造指数

由表 4-25 和图 4-77 至 4-80 可知，我国运输业上市公司 2008 年销售毛利率为 0.355，随后呈现整体下降趋势，到 2015 年下降到 0.281，相比 2008 年降幅达到 20.85%。资产净利率 2008 年为 0.074，随后呈现整体下降趋势，但是在 2014 年达到最大值 0.168，2013 年达到最小值 0.003，这说明运输业上市公司的资产净利率波动幅度较大。净资产收益率 2008 年为 0.126，在 2012 年达到最大值 0.247，在 2014 年达到最小值 -0.018，说明净资产收益率整体波动幅度较大。每股收益 2008 年为 0.277，2010 年达到最大值 0.383，2012 年达到最小值 0.195，说明净资产收益率整体波动相对较小。

表 4-25 运输业上市公司财富创造能力发展趋势

年度 指标	2008	2009	2010	2011	2012	2013	2014	2015
销售毛利率	0.355	0.312	0.329	0.299	0.272	0.269	0.262	0.281
资产净利率	0.074	0.035	0.059	0.042	0.045	0.003	0.168	0.042
净资产收益率	0.126	0.068	0.113	0.074	0.247	0.065	-0.018	0.093
每股收益	0.277	0.205	0.383	0.311	0.195	0.284	0.355	0.321

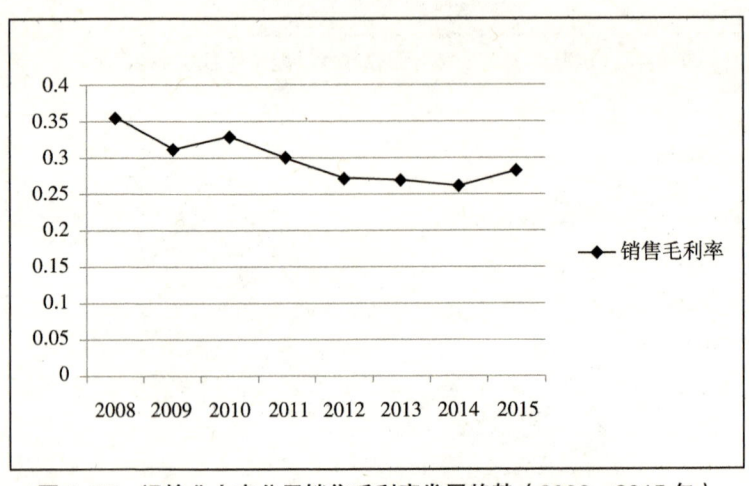

图 4-77 运输业上市公司销售毛利率发展趋势（2008—2015 年）

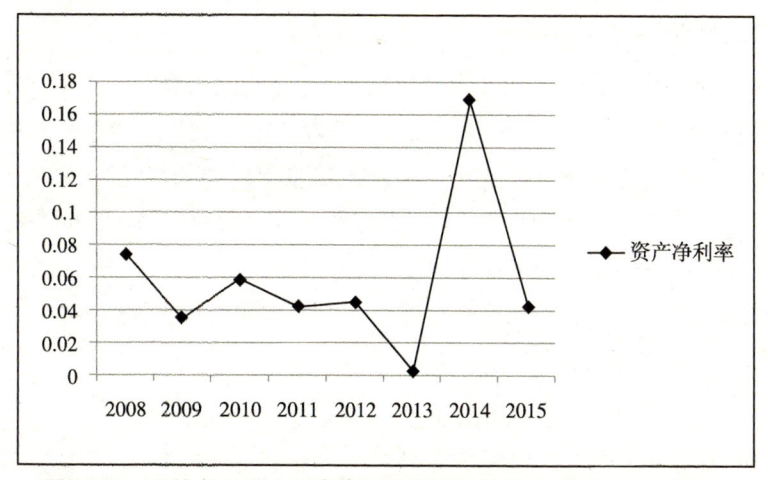

图 4-78　运输业上市公司资产净利率发展趋势（2008—2015 年）

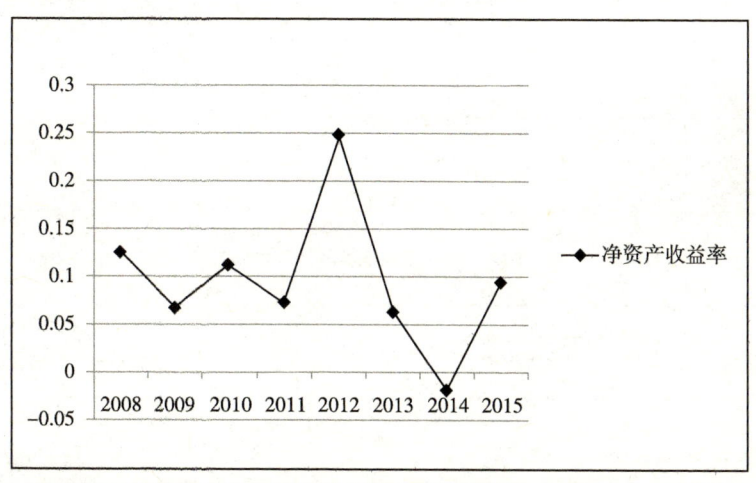

图 4-79　运输业上市公司净资产收益率发展趋势（2008—2015 年）

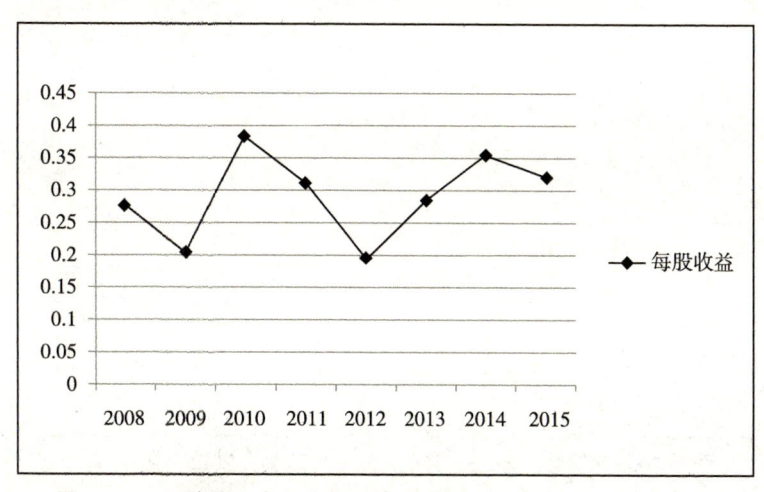

图 4-80　运输业上市公司每股收益发展趋势（2008—2015 年）

3. 财务稳健性

由表 4-26 和图 4-81 至 4-84 可知，我国运输业上市公司的流动比率呈现出稳步上升的趋势，2008 年为 1.372，2015 年为 1.693，相比 2008 年上涨幅度在 23.40%。速动比率跟流动比率类似，呈现出稳步上升的趋势，2008 年为 1.216，2015 年为 1.503，2015 年相比 2008 年上涨幅度在 23.60%。资产负债率 2008 年为 47%，随后一直维持在 47% 左右，2015 年为 46%，但在 2013 年急剧上升为 63%。现金流动负债比 2008 年为 0.521，随后呈现波动下降趋势，2015 年为 0.401，相比 2008 年下降幅度达到 23.22%。

表 4-26 运输业上市公司财务稳健性发展趋势

年度 指标	2008	2009	2010	2011	2012	2013	2014	2015
流动比率	1.372	1.395	1.489	1.537	1.473	1.46	1.582	1.693
速动比率	1.216	1.232	1.25	1.327	1.253	1.26	1.357	1.503
资产负债率（%）	47.084	46.999	48.611	50.204	48.929	62.961	47.9	45.944
现金流动负债比	0.521	0.406	0.481	0.452	0.347	0.375	0.351	0.401

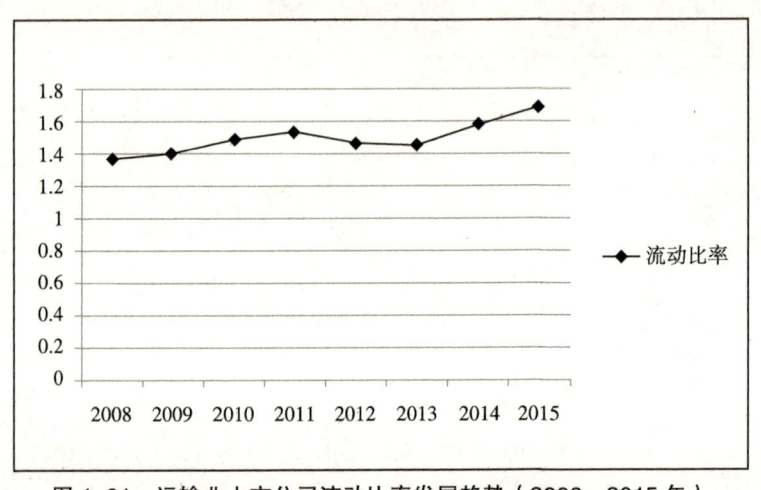

图 4-81 运输业上市公司流动比率发展趋势（2008—2015 年）

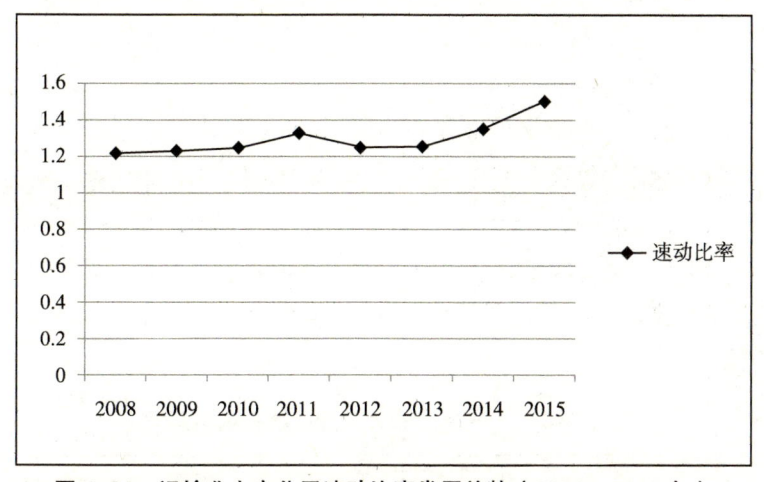

图 4-82 运输业上市公司速动比率发展趋势（2008—2015 年）

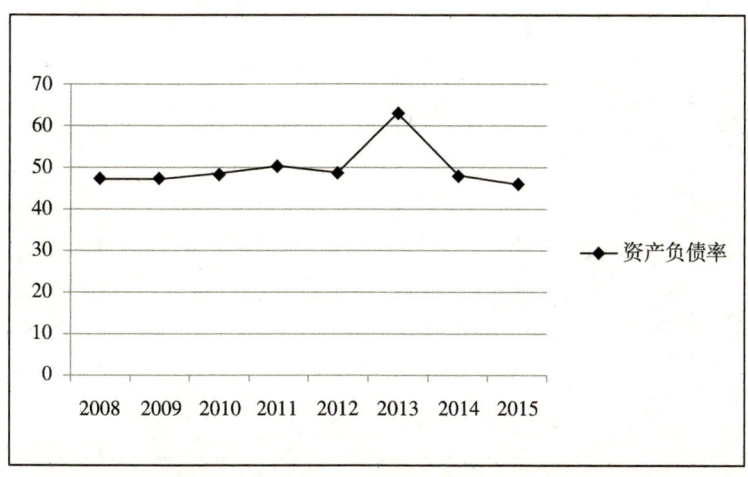

图 4-83 运输业上市公司资产负债率发展趋势（2008—2015 年）

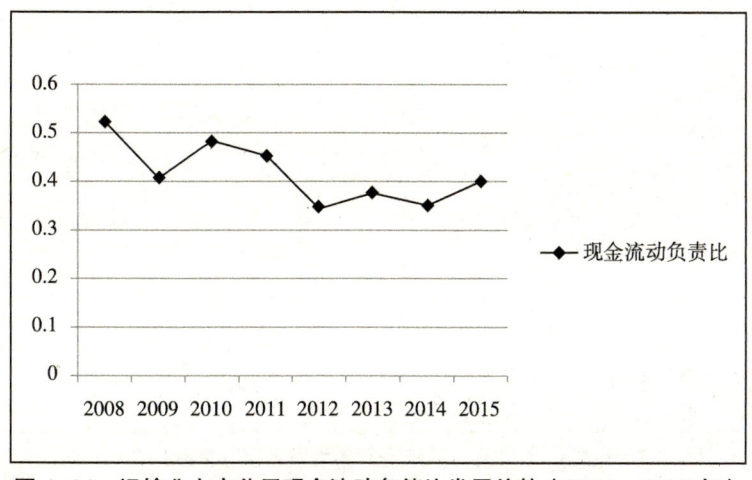

图 4-84 运输业上市公司现金流动负债比发展趋势（2008—2015 年）

4. 运营效率

由表 4-27 和图 4-85 至 4-89 可知,我国运输业上市公司的期间费用率整体表现出相对稳定的波动,2008 年至 2015 年的期间费用率维持的 0.15 左右。存货周转率波动幅度较大,其中在 2010 年为 334.13,在 2014 年为 122.07,波动幅度接近 2 倍。应收账款周转率波动幅度也较大,其中在 2011 年为 75.167,2008 年为 32.199,波动幅度在 2 倍以上。应付账款周转率波动幅度相对较小,围绕在 12 左右波动。总资产周转率 2008 年为 0.433,随后围绕 0.4 上下波动,波动范围也较小。

表 4-27 运输业上市公司运营效率发展趋势

年度 指标	2008	2009	2010	2011	2012	2013	2014	2015
期间费用率	0.142	0.161	0.145	0.143	0.149	0.154	0.148	0.148
存货周转率	198.643	143.227	334.13	246.542	203.345	165.811	122.074	138.555
应收账款周转率	32.199	37.655	49.086	75.167	63.699	40.695	34.236	49.286
应付账款周转率	11.796	14.799	11.934	12.832	13.89	12.243	11.904	10.451
总资产周转率	0.433	0.33	0.399	0.436	0.44	0.416	0.428	0.383

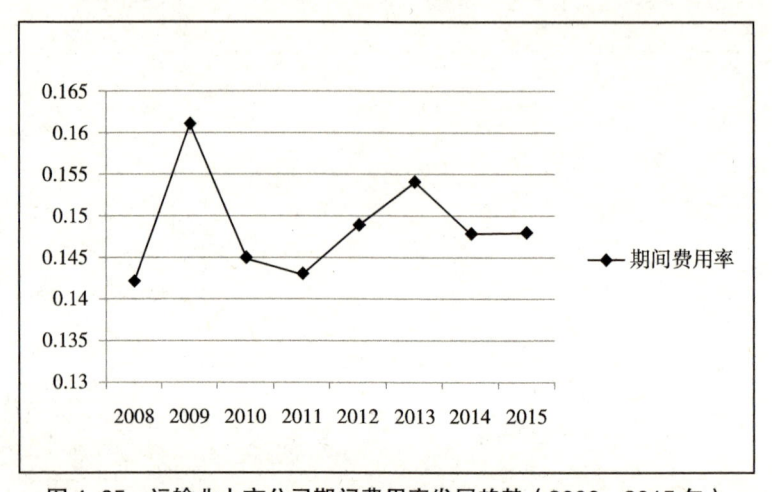

图 4-85 运输业上市公司期间费用率发展趋势(2008—2015 年)

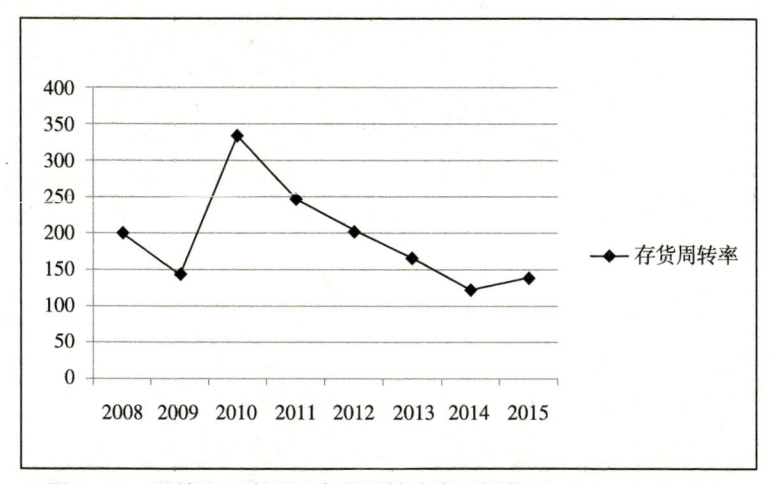

图 4-86 运输业上市公司存货周转率发展趋势（2008—2015 年）

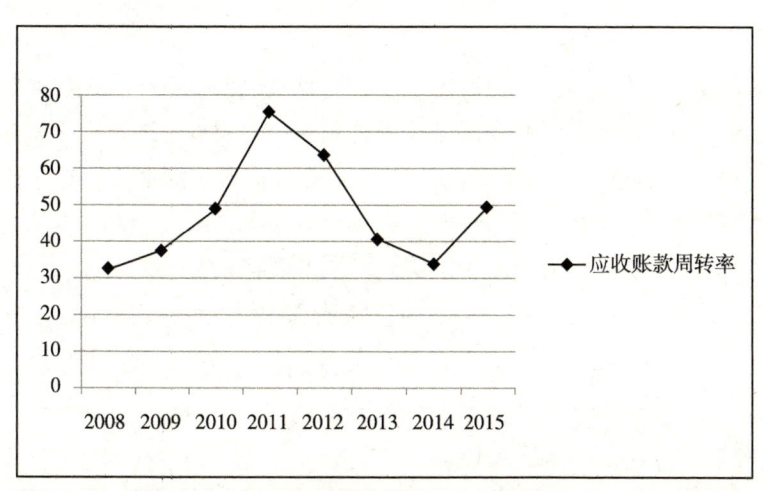

图 4-87 运输业上市公司应收账款周转率发展趋势（2008—2015 年）

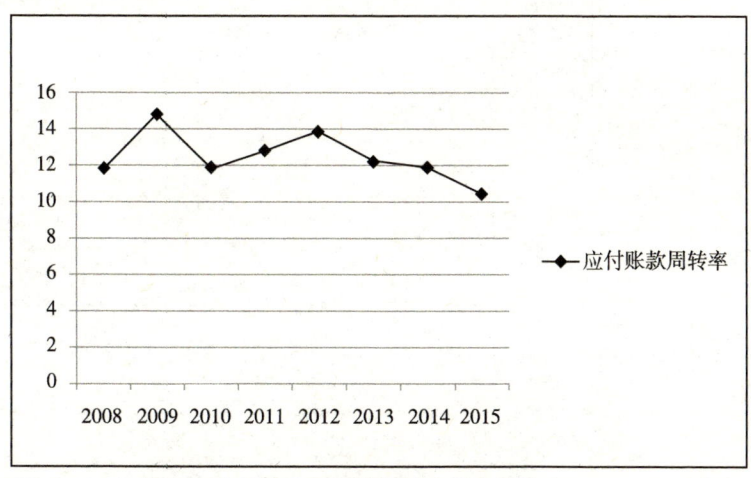

图 4-88 运输业上市公司应付账款周转率发展趋势（2008—2015 年）

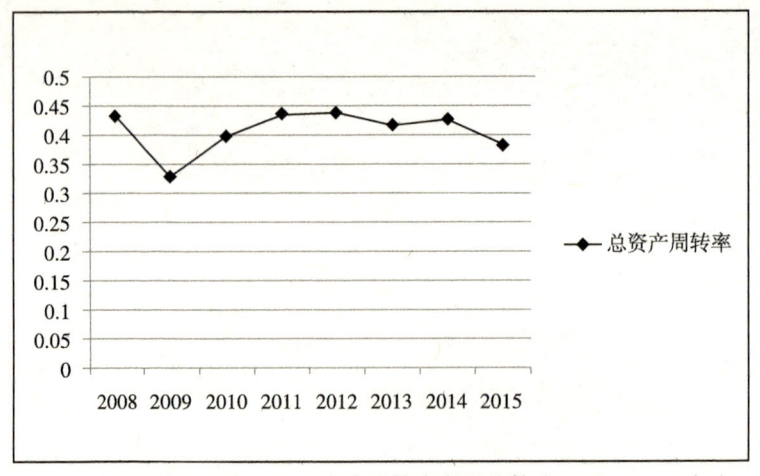

图 4-89　运输业上市公司总资产周转率发展趋势（2008—2015 年）

5. 成长能力指数

由表 4-28 和图 4-90 至 4-93 可知，我国运输业上市公司的营业收入增长率波动很大，在 2010 年营业收入增长率达到 1.012，而在 2009 年营业收入增长率仅为 -0.101。运输业上市公司的营业利润增长率基本都是负增长，仅有 2011 年和 2012 年营业利润增长率为正值。运输业上市公司的净利润增长率也基本是负增长，仅 2010 年一年增长率为正值。而资产总额增长率均为正值，但波动幅度相对较大，2014 年急剧增长到 0.796，相比 2008 年涨幅接近 4 倍。

表 4-28　运输业上市公司成长能力发展趋势

年度 指标	2008	2009	2010	2011	2012	2013	2014	2015
营业收入增长率	0.881	-0.101	1.012	0.383	0.135	0.102	0.096	0.029
营业利润增长率	-4.961	-2.521	0.046	0.464	0.473	-0.269	-0.495	-2.946
净利润增长率	-0.033	-1.656	0.461	-1.195	-0.5	-0.867	-0.28	-0.107
资产总额增长率	0.174	0.109	0.529	0.152	0.12	0.136	0.796	0.071

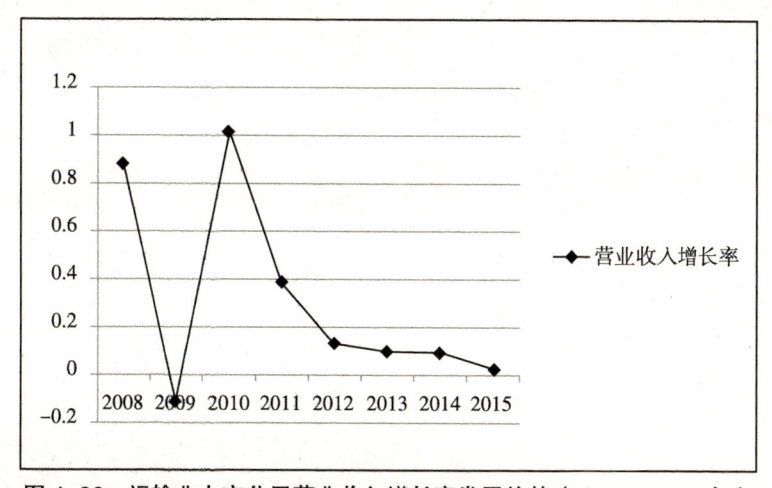

第四章 商贸流通业上市公司发展指数的分析

图 4-90 运输业上市公司营业收入增长率发展趋势（2008—2015 年）

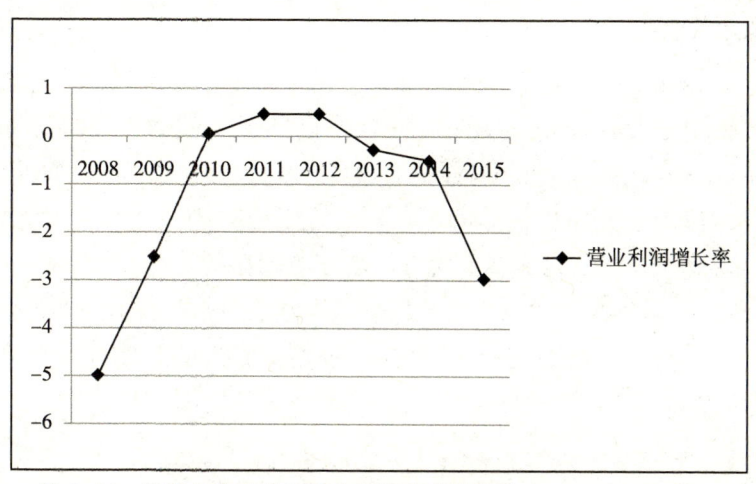

图 4-91 运输业上市公司营业利润率发展趋势（2008—2015 年）

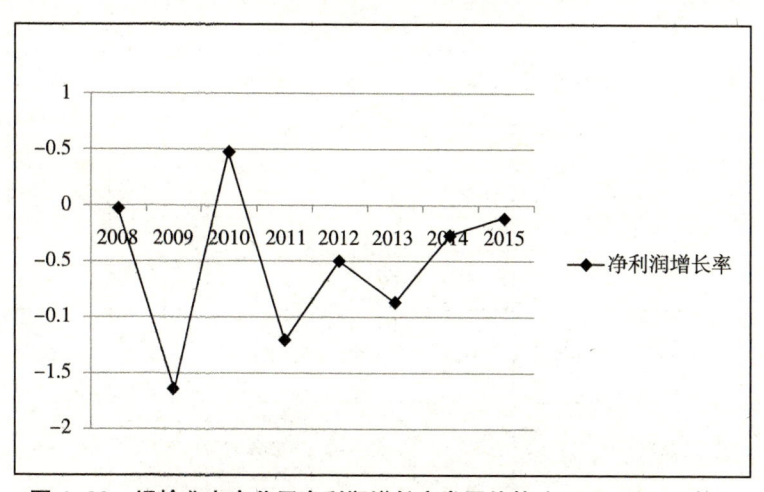

图 4-92 运输业上市公司净利润增长率发展趋势（2008—2015 年）

99

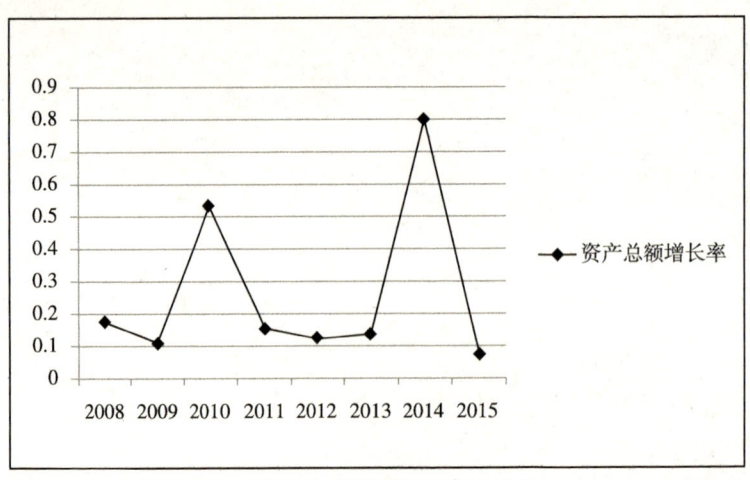

图 4-93　运输业上市公司资产总额增长率发展趋势（2008—2015 年）

6. 现金获取能力

由表 4-29 和图 4-94 至 4-98 可知，我国运输业上市公司的营业收入现金含量自 2008 年到 2015 年表现相对稳定的变化趋势，维持在 1 左右。同样，营业收入现金净含量也表现出相对稳定的趋势，维持在 0.25 左右。净利润现金净含量表现出波动上升的趋势，2008 年为 1.452，2015 年为 2.955，2015 年相比 2008 年涨幅达到 1 倍。营业利润现金净含量表现出较大的波动，其中 2014 年值为 9.372，2011 年为 –0.028，波动幅度达到 9 倍。企业自由现金流波动幅度也非常大，2015 年最大值达到 128328.89，而最小值在 2008 年为 –152906.759，波动幅度达到接近 2 倍。

表 4-29　运输业上市公司现金获取能力发展趋势

年度 指标	2008	2009	2010	2011	2012	2013	2014	2015
营业收入现金含量	0.984	1.003	1.027	1.028	0.978	1.013	1.01	1.08
营业收入现金净含量	0.283	0.236	0.291	0.266	0.223	0.242	0.237	0.312
净利润现金净含量	1.452	1.908	1.121	2.207	2.135	1.391	1.509	2.955
营业利润现金净含量	3.135	0.608	1.98	–0.028	1.36	0.915	9.372	3.612
企业自由现金流	22228.759	–152906.759	55021.576	20523.634	–5543.37	81762.355	10740.669	128328.89

第四章 商贸流通业上市公司发展指数的分析

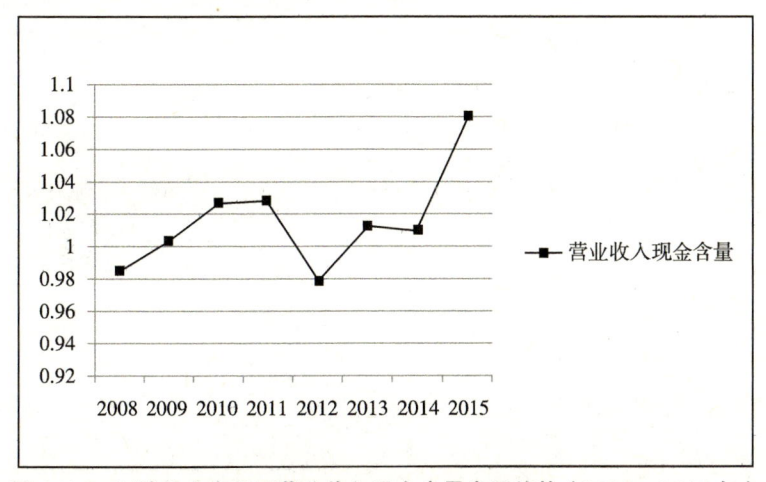

图 4-94 运输业上市公司营业收入现金含量发展趋势（2008—2015 年）

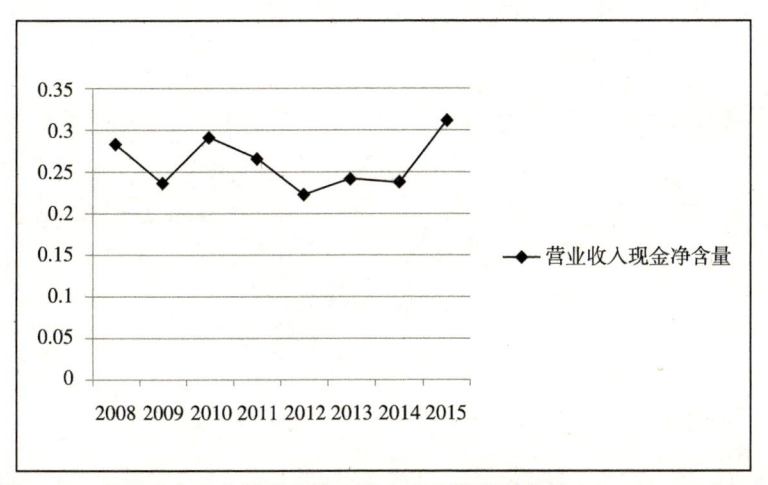

图 4-95 运输业上市公司营业收入现金净含量发展趋势（2008—2015 年）

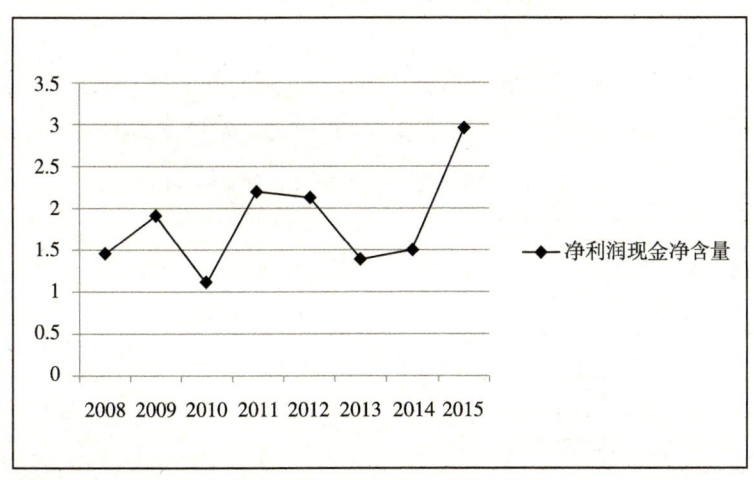

图 4-96 运输业上市公司净利润现金净含量发展趋势（2008—2015 年）

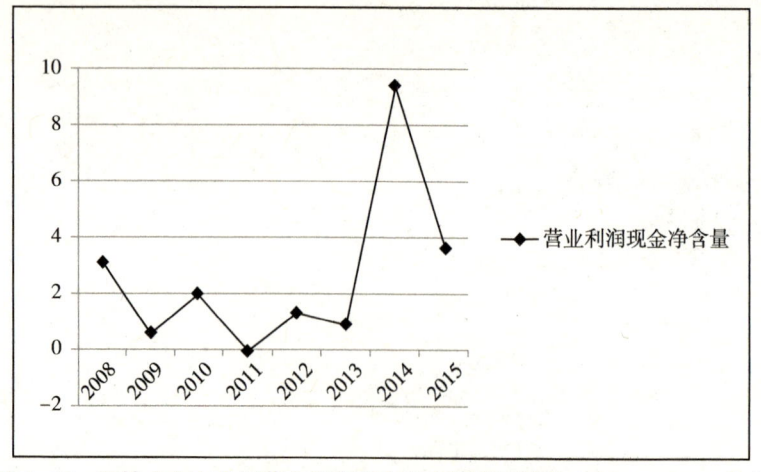

图 4-97 运输业上市公司营业利润现金净含量发展趋势（2008—2015 年）

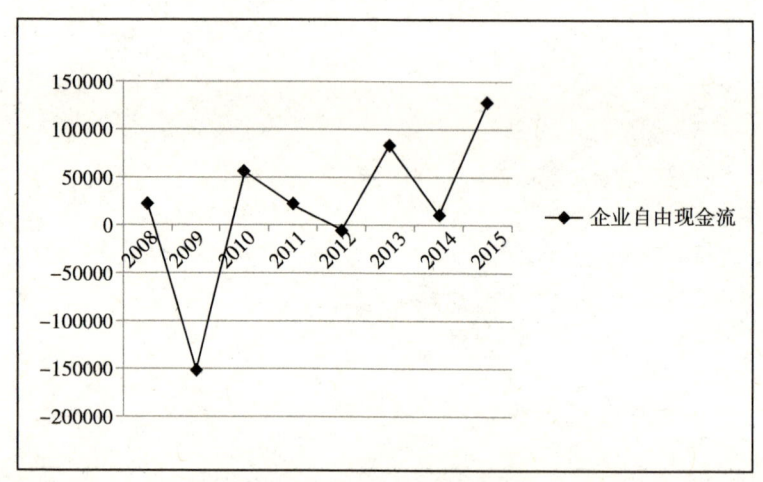

图 4-98 运输业上市公司企业自由现金流发展趋势（2008—2015 年）

7. 财务质量

由表 4-30 和图 4-99 可知，我国运输业上市公司的非经常性损益表现出波动上升的趋势，2008 年为 0.126，2015 年为 0.434，整体上涨幅度 3 倍以上。

表 4-30　运输业上市公司财务质量发展趋势

年度 指标	2008	2009	2010	2011	2012	2013	2014	2015
非经常损益比率	0.126	−0.157	0.38	0.159	0.401	0.352	0.242	0.434

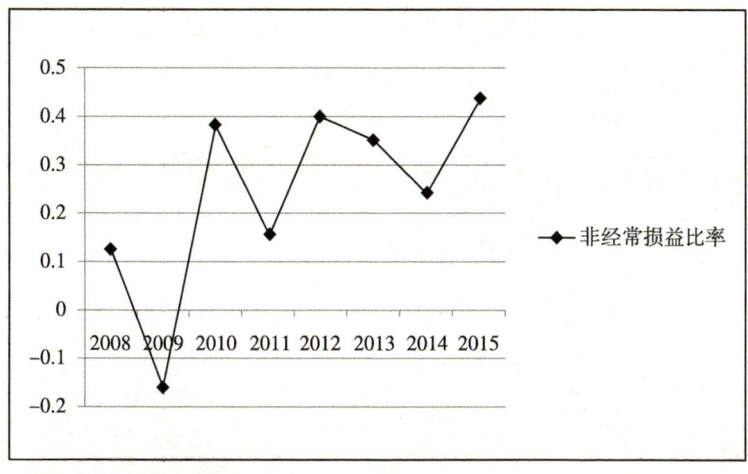

图 4-99　运输业上市公司非经常损益比率发展趋势（2008—2015 年）

第四节　商贸流通业上市公司发展能力的分行业比较

1. 经营规模

由表 4-31 和图 4-100，4-101，4-102 可知，我国批发业、零售业、运输业上市公司的资产总额、营业收入、净利润自 2008 年到 2015 年均呈现整体上升的趋势。同时对比发现，运输业上市公司的资产总额远高于零售业和批发业；批发业上市公司的营业收入高于零售业和运输业；运输业上市公司的净利润远高于零售业和批发业。

表 4-31　分行业上市公司经营规模发展趋势

指标	年度	2008	2009	2010	2011	2012	2013	2014	2015
资产总计（万元）	批发业	213236	263765	298297	335872	772369	770089	1017946	1257146
	零售业	203261	250739	299916	402967	651823	729244	788550	938572
	运输业	1395876	1521491	1788197	1957916	2724267	2920777	2840577	3305841
营业总收入（万元）	批发业	264100	240030	359455	445636	1566306	1643275	1457247	1854611
	零售业	201945	217484	264809	315437	833282	856805	947011	1156589
	运输业	666807	421709	581836	660637	1176175	1271927	1336874	1181050
净利润（万元）	批发业	12165	14109	14161	15265	19513	23896	22554	22939
	零售业	9039	12459	13681	15503	26506	23713	26991	26396
	运输业	16171	55347	101185	94123	74155	78853	118169	120303

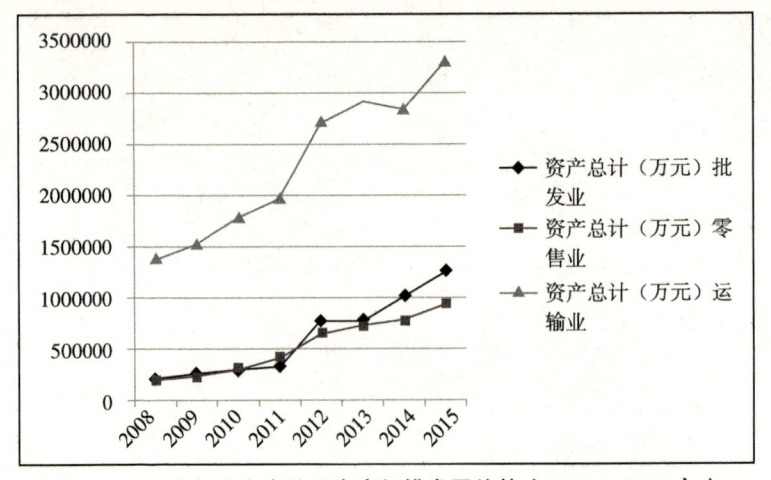

图 4-100　分行业上市公司资产规模发展趋势（2008—2015 年）

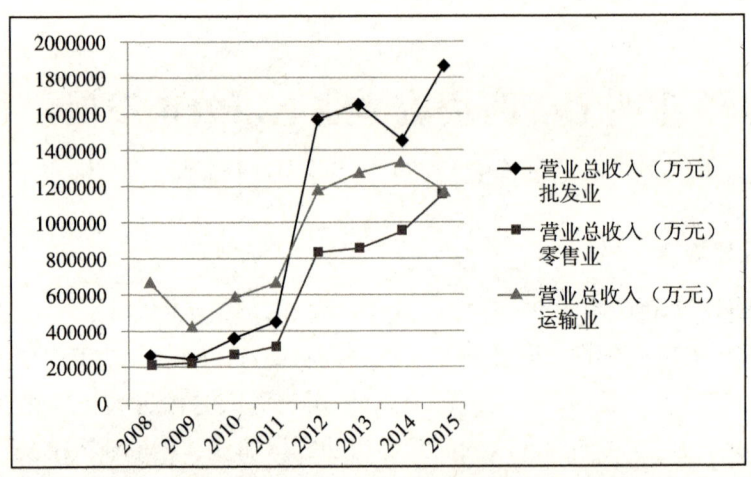

图 4-101　分行业上市公司营业收入发展趋势（2008—2015 年）

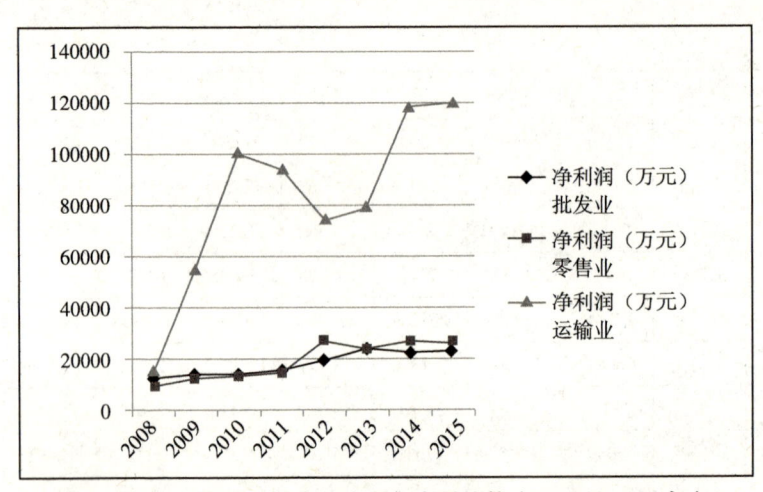

图 4-102　分行业上市公司净利润发展趋势（2008—2015 年）

2. 财富创造指数

由表 4-32 和图 4-103 至 4-106 可知，我国运输业上市公司的营业毛利率远高于批发业和零售业，但同时营业毛利率的变化幅度较大。零售业和批发业的总资产净利率差异不大，但运输业的总资产净利率波动幅度更大，主要表现在 2014 年急剧上升到 0.17。运输业、批发业、零售业的净资产收益率均在小幅范围内波动。零售业的基本每股收益略高于批发业和运输业。

表 4-32　分行业上市公司财富创造能力发展趋势

指标	年度	2008	2009	2010	2011	2012	2013	2014	2015
营业毛利率	批发业	0.13	0.14	0.14	0.12	0.11	0.13	0.12	0.11
	零售业	0.21	0.21	0.21	0.20	0.20	0.21	0.22	0.22
	运输业	0.36	0.31	0.33	0.30	0.27	0.27	0.26	0.28
总资产净利润率	批发业	0.04	0.04	0.04	0.04	0.04	0.03	0.03	0.02
	零售业	0.03	0.04	0.05	0.05	0.04	0.04	0.04	0.03
	运输业	0.07	0.04	0.06	0.04	0.05	0.00	0.17	0.04
净资产收益率	批发业	0.10	0.10	0.11	0.10	0.10	0.10	0.08	0.00
	零售业	0.08	0.05	0.19	0.11	0.11	0.11	0.10	0.07
	运输业	0.13	0.07	0.11	0.07	0.25	0.07	-0.02	0.09
基本每股收益	批发业	0.24	0.28	0.32	0.34	0.25	0.33	0.33	0.31
	零售业	0.27	0.34	0.35	0.38	0.42	0.47	0.46	0.41
	运输业	0.28	0.21	0.38	0.31	0.20	0.28	0.36	0.32

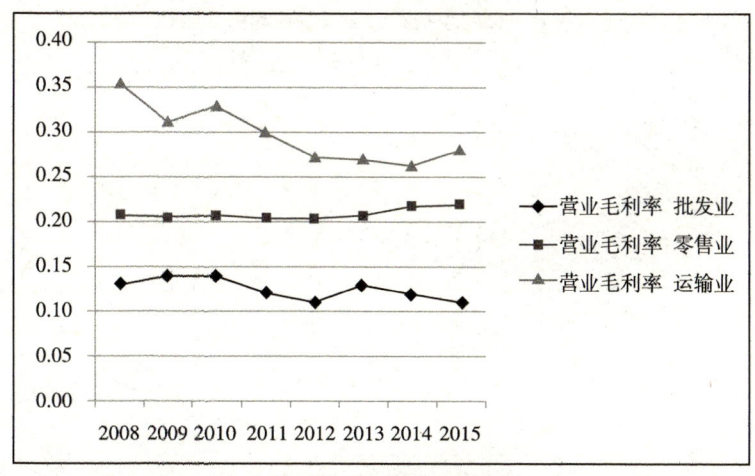

图 4-103　分行业上市公司营业毛利率发展趋势（2008—2015 年）

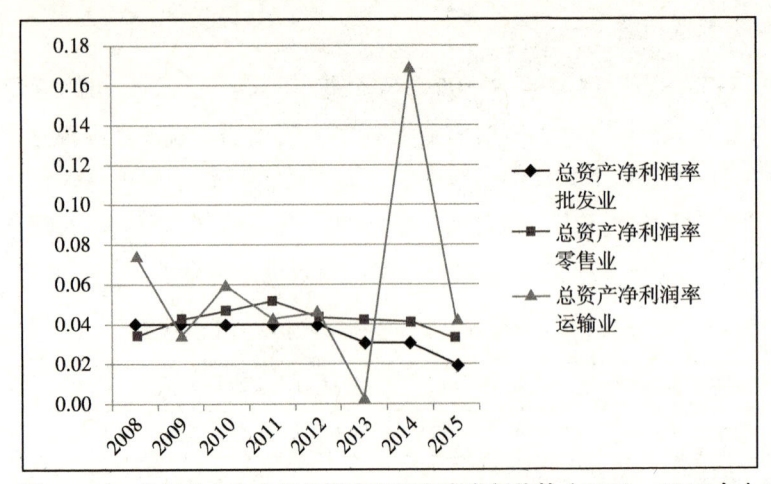

图 4-104 分行业上市公司总资产净利润率发展趋势（2008—2015 年）

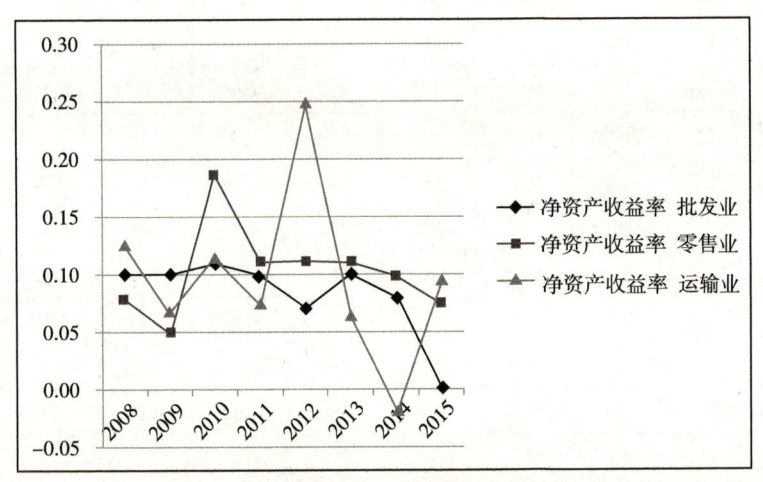

图 4-105 分行业上市公司净资产收益率发展趋势（2008—2015 年）

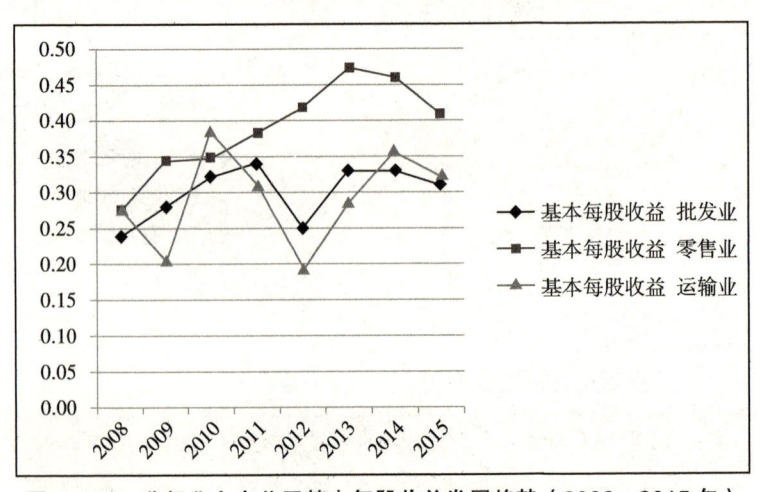

图 4-106 分行业上市公司基本每股收益发展趋势（2008—2015 年）

3. 财务稳健性

由表 4-33 和图 4-107 至 4-110 可知，我国批发业、零售业、运输业上市公司的流动比率、速动比率变化趋势基本一致，并且均波动不大。运输业的资产负债率相比批发业和零售业略低，但运输业资产负债率的波动幅度较大。批发业、零售业、运输业的现金流动负债比变化趋势一致，但运输业的现金流动负债比显著高于批发业和零售业。

表 4-33 分行业上市公司财务稳健性发展趋势

指标	年度	2008	2009	2010	2011	2012	2013	2014	2015
流动比率	批发业	1.60	1.61	1.64	1.67	1.52	1.45	1.70	1.67
	零售业	0.97	1.04	1.07	1.17	1.24	1.34	1.32	1.30
	运输业	1.37	1.40	1.49	1.54	1.47	1.46	1.58	1.69
速动比率	批发业	1.14	1.13	1.19	1.20	1.09	1.05	1.31	1.30
	零售业	0.73	0.78	0.76	0.81	0.85	0.96	0.93	0.92
	运输业	1.22	1.23	1.25	1.33	1.25	1.26	1.36	1.50
资产负债率（%）	批发业	57.00	57.00	56.00	57.00	57.00	58.00	58.00	56.00
	零售业	58.58	58.60	60.32	59.05	57.80	57.05	55.27	54.65
	运输业	47.08	47.00	48.61	50.20	48.93	62.96	47.90	45.94
现金流动负债比	批发业	0.14	0.10	0.06	0.02	0.09	0.05	-0.08	0.01
	零售业	0.16	0.18	0.15	0.10	0.14	0.10	0.08	0.09
	运输业	0.52	0.41	0.48	0.45	0.35	0.38	0.35	0.40

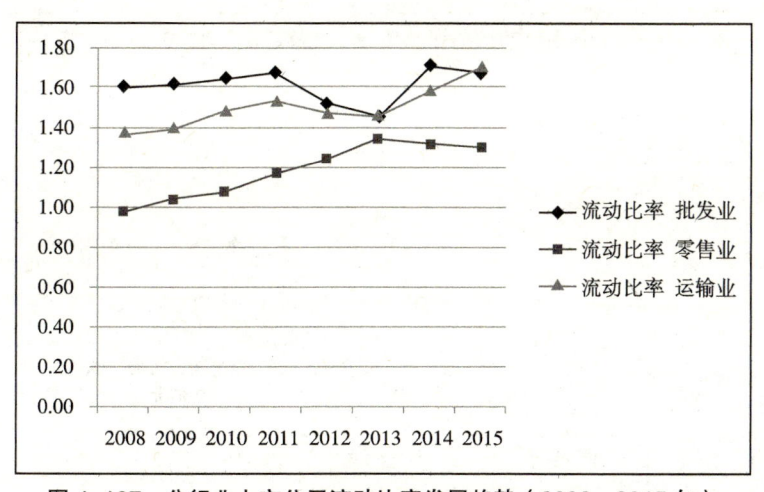

图 4-107 分行业上市公司流动比率发展趋势（2008—2015 年）

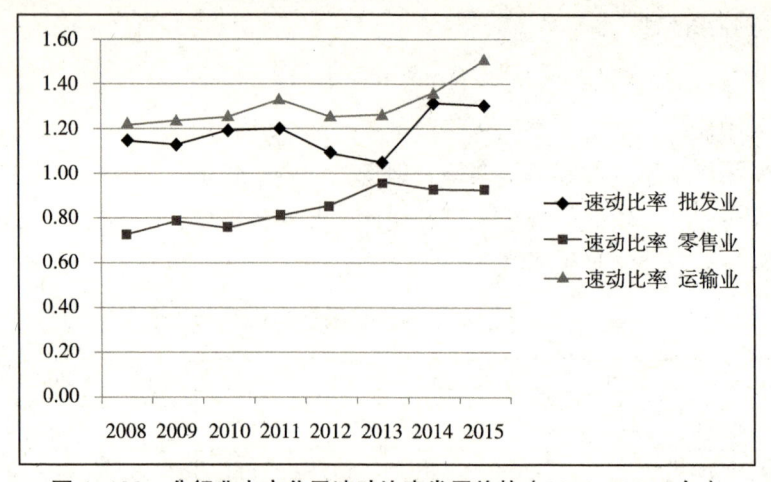

图 4-108　分行业上市公司速动比率发展趋势（2008—2015 年）

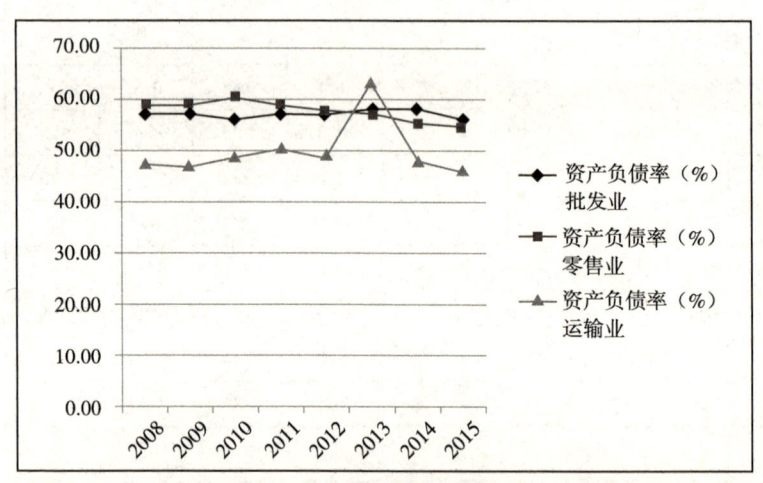

图 4-109　分行业上市公司资产负债率发展趋势（2008—2015 年）

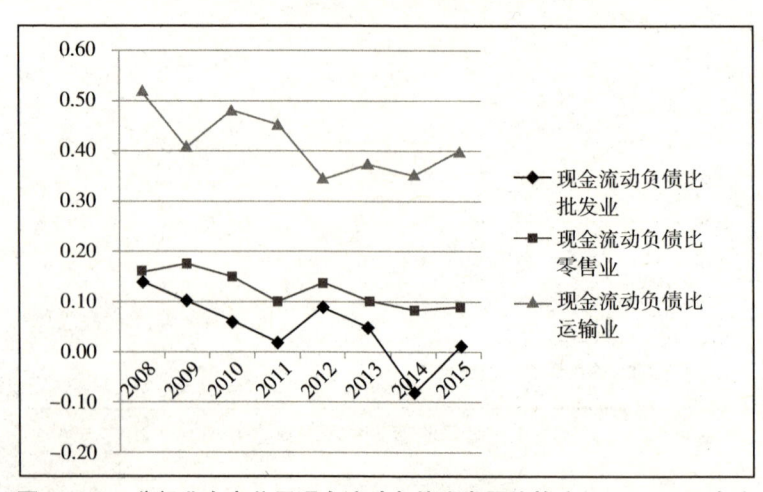

图 4-110　分行业上市公司现金流动负债比发展趋势（2008—2015 年）

4. 运营效率

由表4-34和图4-111至4-115可知,我国批发业和零售业的期间费用率变化趋势基本一致,运输业的期间费用率波动幅度较大。批发业和零售业的存货周转率数值和变化趋势基本一致,而运输业的期间费用率明显高于批发业、零售业,并且运输业的期间费用率波动范围很大。批发业、运输业的应收账款周转率的数值和变化趋势基本一致,而零售业的应收账款周转率则波动较大。零售业、运输业的应付账款周转率的数值和变化趋势基本一致,而批发业的应付账款周转率则波动较大。零售业、批发业、运输业的总资产周转率变化趋势基本一致。

表4-34 分行业上市公司运营效率发展趋势

指标	年度	2008	2009	2010	2011	2012	2013	2014	2015
期间费用率	批发业	0.11	0.28	0.10	0.12	0.09	0.09	0.09	0.10
	零售业	0.17	0.17	0.16	0.16	0.16	0.17	0.18	0.18
	运输业	0.14	0.16	0.15	0.14	0.15	0.15	0.15	0.15
存货周转率（次）	批发业	14.44	13.36	14.86	12.73	11.87	10.74	10.98	12.54
	零售业	15.49	14.87	13.63	14.44	13.34	14.02	15.93	22.03
	运输业	198.64	143.23	334.13	246.54	203.35	165.81	122.07	138.56
应收账款周转率（次）	批发业	65.96	976.03	3951.98	139.73	85.36	73.88	47.70	52.71
	零售业	31236.52	1474.68	1167.76	444.37	507.30	904.31	1372.85	344.12
	运输业	32.20	37.66	49.09	75.17	63.70	40.70	34.24	49.29
应付账款周转率（次）	批发业	18.79	42.34	70.20	83.22	73.98	30.46	29.85	85.87
	零售业	9.34	9.71	10.29	10.30	11.81	11.10	9.67	11.81
	运输业	11.80	14.80	11.93	12.83	13.89	12.24	11.90	10.45
总资产周转率（次）	批发业	1.60	1.55	1.68	1.88	1.81	1.81	1.55	1.48
	零售业	1.21	1.23	1.27	1.28	1.23	1.19	1.09	1.07
	运输业	0.43	0.33	0.40	0.44	0.44	0.42	0.43	0.38

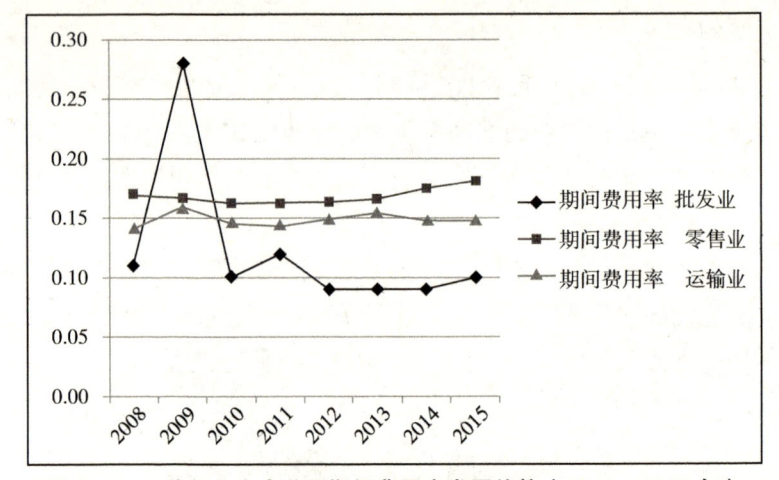

图 4-111　分行业上市公司期间费用率发展趋势（2008—2015 年）

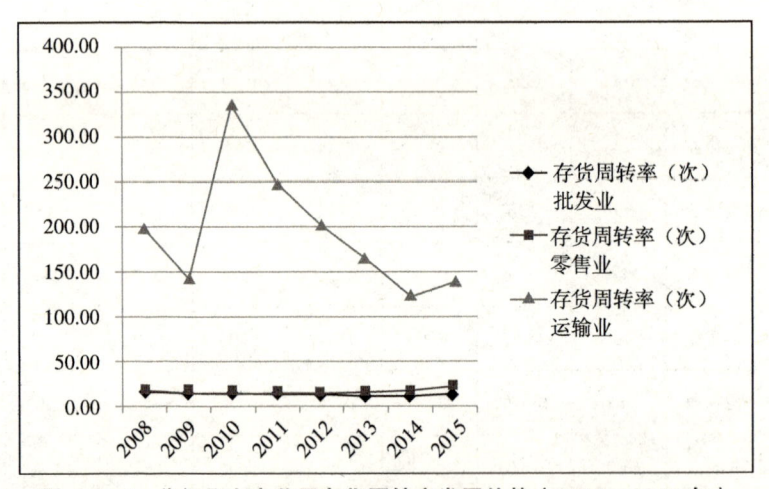

图 4-112　分行业上市公司存货周转率发展趋势（2008—2015 年）

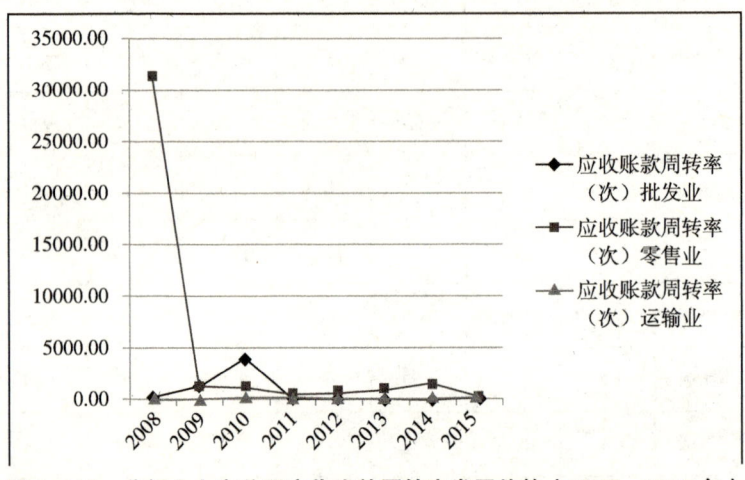

图 4-113　分行业上市公司应收账款周转率发展趋势（2008—2015 年）

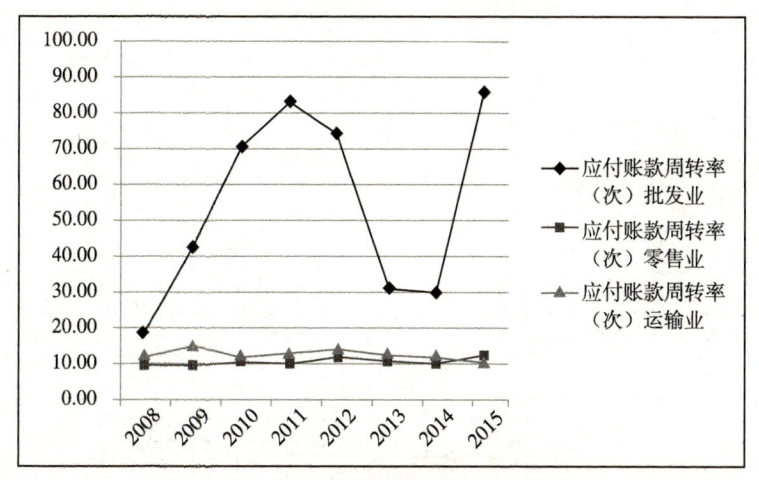

图 4-114　分行业上市公司应付账款周转率发展趋势（2008—2015 年）

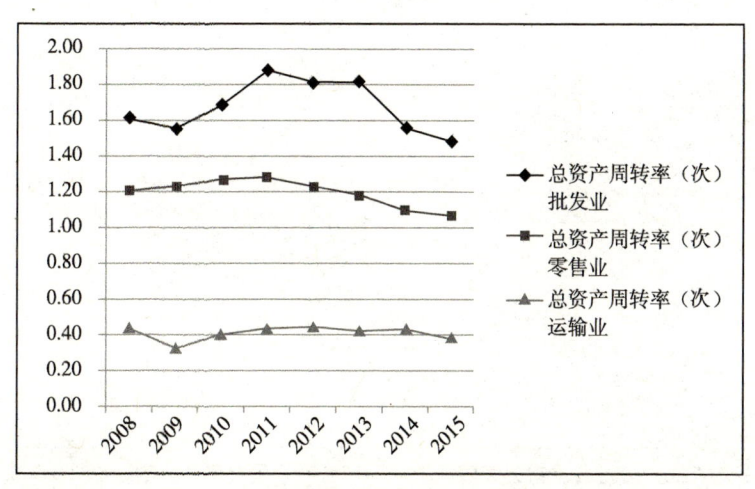

图 4-115　分行业上市公司总资产周转率发展趋势（2008—2015 年）

5. 成长能力指数

由表 4-35 和图 4-116 至 4-119 可知，零售业上市公司的营业收入增长率波动幅度大于批发业和运输业，主要表现在 2015 年急剧上升到 0.27。批发业、零售业、运输业的营业利润增长率均波动幅度较大，同时三个行业的净利润增长率也波动幅度较大。除批发业，零售业和运输业的总资产增长率的波动幅度均较大。

表 4-35　分行业上市公司成长能力发展趋势

指标	年度	2008	2009	2010	2011	2012	2013	2014	2015
营业总收入增长率	批发业	0.24	0.17	0.83	2.45	0.29	0.11	0.07	0.27
	零售业	0.13	0.16	0.25	0.26	0.12	0.07	0.03	4.59
	运输业	0.88	−0.10	1.01	0.38	0.14	0.10	0.10	0.03

续表

指标	年度	2008	2009	2010	2011	2012	2013	2014	2015
营业利润增长率	批发业	6.46	-2.66	-1.04	-0.18	0.18	0.20	0.76	0.47
	零售业	0.99	0.24	0.05	0.82	2.63	0.96	-0.01	2.14
	运输业	-4.96	-2.52	0.05	0.46	0.47	-0.27	-0.50	-2.95
净利润增长率	批发业	-0.27	-0.09	0.57	-0.33	-0.25	0.23	-0.13	2.02
	零售业	0.03	0.62	1.79	1.22	0.12	0.20	0.39	0.93
	运输业	-0.03	-1.66	0.46	-1.20	-0.50	-0.87	-0.28	-0.11
总资产增长率	批发业	0.21	0.22	0.14	0.36	0.12	0.15	0.20	0.18
	零售业	0.08	0.13	0.26	0.25	0.12	0.10	0.14	0.99
	运输业	0.17	0.11	0.53	0.15	0.12	0.14	0.80	0.07

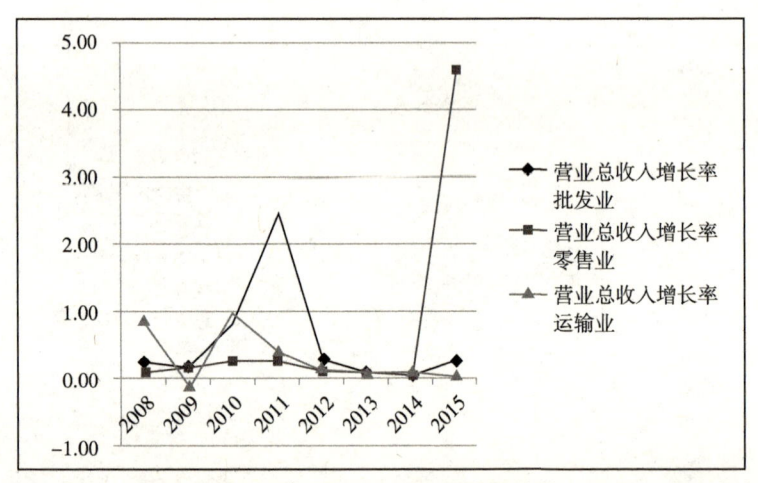

图 4-116 分行业上市公司营业总收入增长率发展趋势（2008—2015 年）

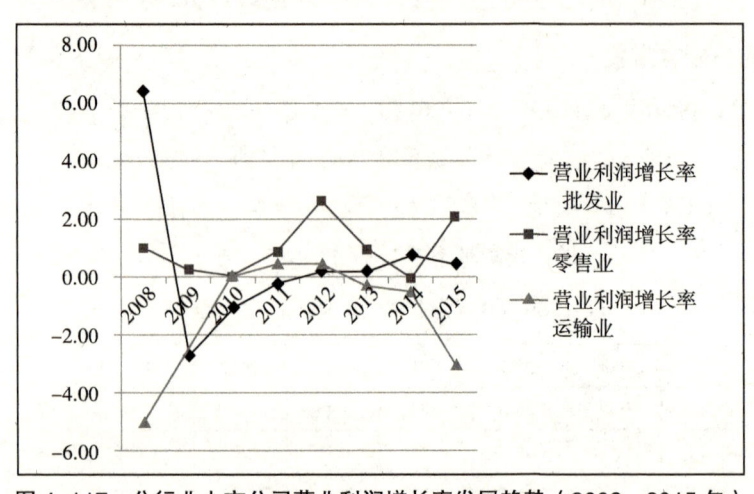

图 4-117 分行业上市公司营业利润增长率发展趋势（2008—2015 年）

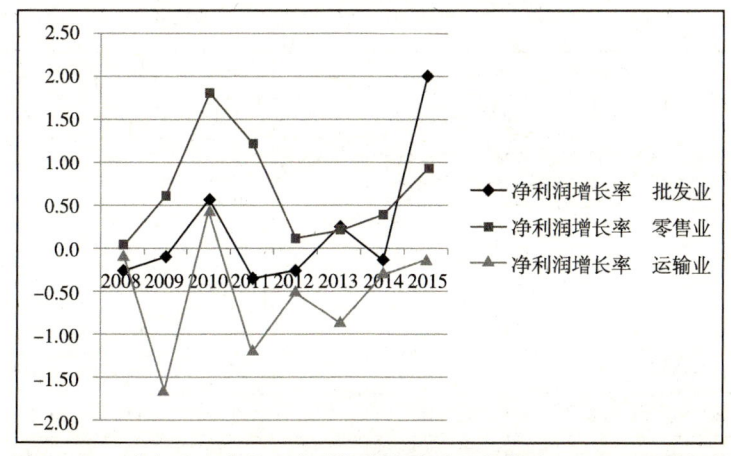

图 4-118 分行业上市公司净利润增长率发展趋势（2008—2015 年）

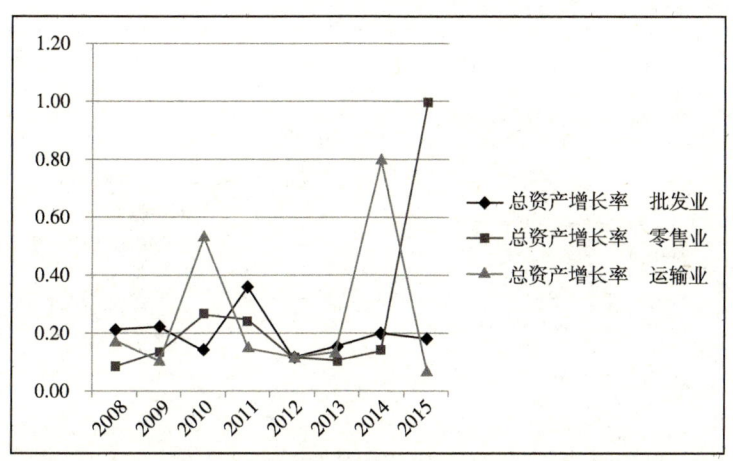

图 4-119 分行业上市公司总资产增长率发展趋势（2008—2015 年）

6. 现金获取能力

由表 4-36 和图 4-120 至 4-125 可知，三大行业上市公司的营业收入现金含量变动趋势基本一致。运输业上市公司的营业收入现金净含量显著高于批发业和零售业。除零售业以外，批发业和运输业的净利润现金净含量均波动幅度很大。三大行业的营业利润现金净含量均波动幅度很大。除运输业以外，批发业和零售业的企业自由现金流量均波动幅度不大。

表 4-36 分行业上市公司成长能力发展趋势

指标	年度	2008	2009	2010	2011	2012	2013	2014	2015
营业总收入增长率	批发业	0.24	0.17	0.83	2.45	0.29	0.11	0.07	0.27
	零售业	0.13	0.16	0.25	0.26	0.12	0.07	0.03	4.59
	运输业	0.88	−0.10	1.01	0.38	0.14	0.10	0.10	0.03

续表

指标	年度	2008	2009	2010	2011	2012	2013	2014	2015
营业利润增长率	批发业	6.46	-2.66	-1.04	-0.18	0.18	0.20	0.76	0.47
	零售业	0.99	0.24	0.05	0.82	2.63	0.96	-0.01	2.14
	运输业	-4.96	-2.52	0.05	0.46	0.47	-0.27	-0.50	-2.95
净利润增长率	批发业	-0.27	-0.09	0.57	-0.33	-0.25	0.23	-0.13	2.02
	零售业	0.03	0.62	1.79	1.22	0.12	0.20	0.39	0.93
	运输业	-0.03	-1.66	0.46	-1.20	-0.50	-0.87	-0.28	-0.11
总资产增长率	批发业	0.21	0.22	0.14	0.36	0.12	0.15	0.20	0.18
	零售业	0.08	0.13	0.26	0.25	0.12	0.10	0.14	0.99
	运输业	0.17	0.11	0.53	0.15	0.12	0.14	0.80	0.07

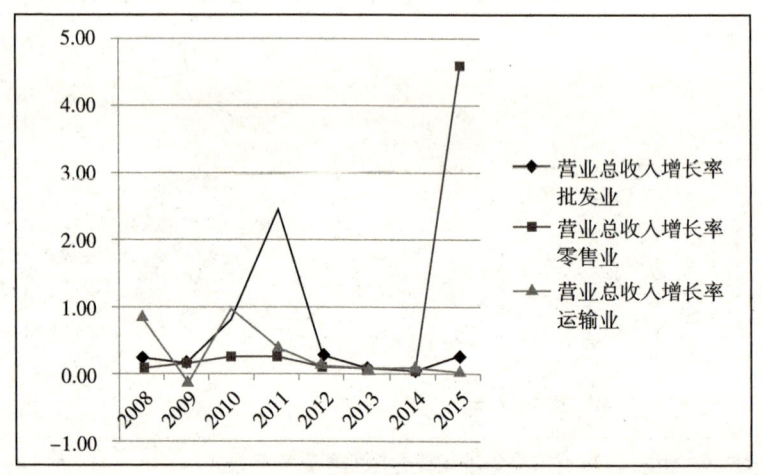

图 4-120　分行业上市公司营业总收入增长率发展趋势（2008—2015 年）

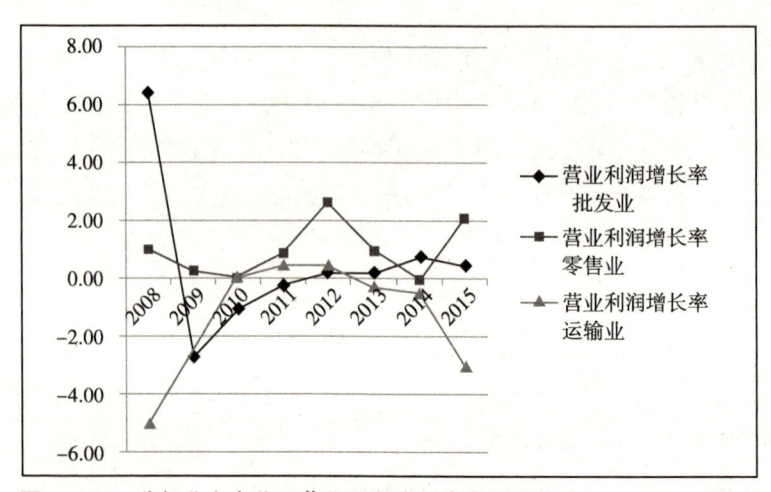

图 4-121　分行业上市公司营业利润增长率发展趋势（2008—2015 年）

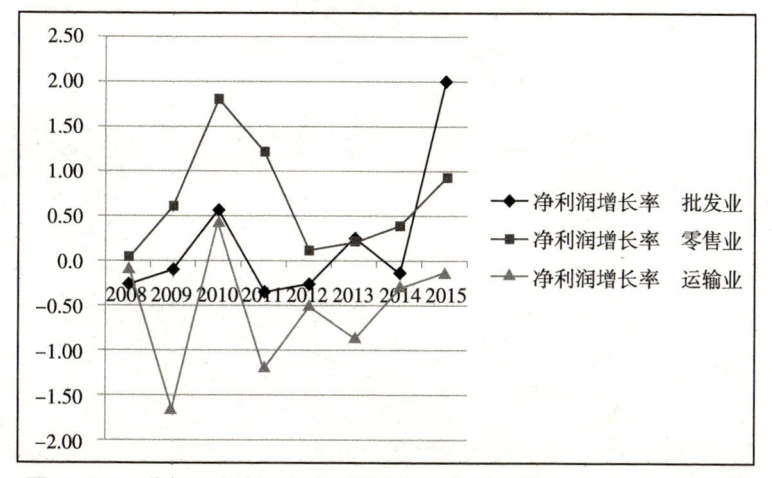

图 4-122　分行业上市公司净利润增长率发展趋势（2008—2015 年）

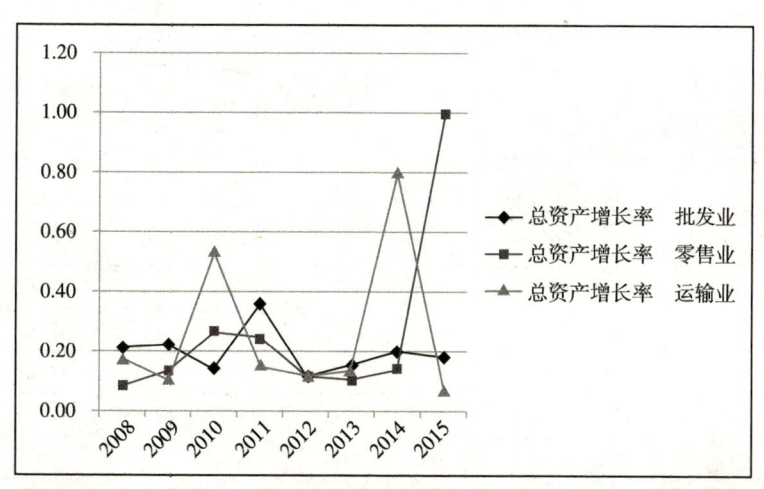

图 4-123　分行业上市公司总资产增长率发展趋势（2008—2015 年）

7. 财务质量

由表 4-37 和图 4-124 可知，除零售业以外，批发业和运输业的非经常性损益比率波动范围均较大。

表 4-37　分行业上市公司财务质量发展趋势

指标	年度	2008	2009	2010	2011	2012	2013	2014	2015
非经常损益比例	批发业	-1.27	1.44	1.17	-0.63	1.02	0.58	2.21	1.44
	零售业	0.22	0.71	0.17	0.31	-0.75	0.21	0.30	1.05
	运输业	0.13	-0.16	0.38	0.16	0.40	0.35	0.24	0.43

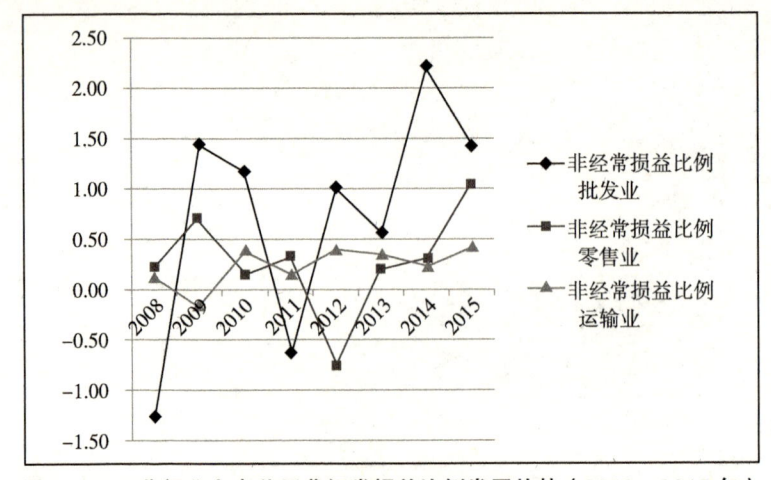

图 4-124　分行业上市公司非经常损益比例发展趋势（2008—2015 年）

表 4-38　我国航空运输业发展情况（2008—2015 年）

年份	航空运输总周转量（亿吨公里）	同比增长 %	民用航空客运量（亿人次）	同比增长 %	民用航空货（邮）量（万吨）	同比增长 %	民航航线数量（条）	民航运输飞机数量（架）	民航航线里程（万公里）
2008	376.8	3.1	1.92	3.6	407.6	1.43	1532	1259	246.2
2009	427.1	13.4	2.31	20.3	445.0	9.2	1592	1417	235.0
2010	538.5	26.1	2.68	16.0	563.0	26.5	1880	1597	277.0
2011	577.4	7.2	2.93	9.5	557.5	−1.0	2290	1764	349.0
2012	610.3	5.7	3.18	8.9	545.0	−2.2	2457	1941	328.0
2013	671.7	10.1	3.54	10.8	561.3	3.0	2876	2179	411.0
2014	748.1	11.4	3.92	10.7	594.1	5.9	3142	2370	463.7
2015	851.7	13.8	4.36	11.3	629.3	5.9	3326	2650	531.7

资料来源：2010—2015 年民航行业发展统计公报。

表 4-39　我国铁路营业里程发展情况（2008—2015 年）

年份	铁路营业里程（万公里）	同比增长率（%）
2008	7.97	2.21
2009	8.55	7.32
2010	9.12	6.62
2011	9.33	2.27
2012	9.76	4.69
2013	10.31	5.65
2014	11.20	8.59
2015	12.10	8.20

资料来源：中国铁路行业发展蓝皮书（2015 版）。

第五章 典型商贸流通上市公司发展能力分析

第一节　苏宁发展历程以及发展能力评价

一、苏宁云商发展历程

1990年12月26日，苏宁开始创业之路，之后历经空调专营、综合电器连锁、全品类互联网零售三个阶段。目前在中国和日本拥有两家上市公司，年销售规模超过3000亿元，员工18万人，是中国最大的商业企业，位列中国民营企业前三强。

（一）空调专营阶段（1990—1995年）

1990年，苏宁在南京成立，立足空调专营，通过组建售后服务中心，自建专业售后服务队伍，树立"服务为本"的品牌形象。1994年，成为中国最大的空调销售企业，完成了创业初期的原始积累。1995年，成立专营批发部，除零售和工程外，建立了全国的批发网络。

阶段特征：聚焦主业，服务先行。

阶段成果：成为中国最大的空调销售企业，完成了创业初期的原始积累，建立了全国的批发网络。

（二）综合电器连锁阶段（1996—2010年）

经历了初步探索，全面推进、优化升级几个子阶段。

1. 初步探索阶段（1996—1999年）

1996年，在扬州开设第一家外埠公司，初探连锁发展；同年启动电脑开票系统，实现销售、财务一体化和会计电算化。

1997年，在南京自建第一代物流配送中心和10个售后服务网点，初步形成了"前后台协同发展，后台优先"的经营管理模式。

1998年，实施二次创业，向综合电器连锁经营转型。

1999年底，南京新街口旗舰店成功开业，标志着苏宁电器从空调专营转型到综合电器全国连锁经营。

2. 全面推进阶段（2000—2005年）

依托信息化建设实现内部组织再造和统一管理。2000年12月起，苏宁

ERP 系统上线，逐步建立了第一代电器连锁专业 ERP 信息系统，打造企业 IT 神经系统，全面推进全国电器连锁发展。通过内部组织再造，建立了以"专业化分工、标准化作业"为基础的矩阵式管理架构。2005 年，启动"5315 服务工程"，建立全国一体化的物流配送体系、售后服务体系、客户服务体系，全方位提升为消费者提供服务的能力。在行业内率先完成全国一级市场网络布局。

人力资源管理方面。2002 年，启动"1200"一期工程，向全国高校招收 1200 名优秀应届大学毕业生。连锁网络从南京走向浙江、北京、上海、天津、重庆等地，初步建立了全国连锁发展的战略布局。2004 年 3 月，"百名店长工程"正式启动，为连锁发展人才培养与储备奠定了基础。

资本方面。2004 年 7 月，苏宁电器在深交所成功挂牌上市，成为中国家电行业第一品牌。

3.优化升级阶段（2006—2010 年）

2006 年起，以第五代"3C+"旗舰店为主导，形成了以"内生增长，后台优先"为核心的发展模式。实施信息化 1 号工程——SAP/ERP 系统上线，建立了集团化、全球化的经营管理平台。

2008 年，成立"租、建、购、并"四位一体的大开发体系，立体推进连锁开发。同时，苏宁第三代物流基地交付使用，迈入作业机械化，管理信息化，网络集成化，人才知识化的新时代。

2009 年，为中国最大的商业流通企业，提前实现行业领先。先后入主日本 LAOX 电器和香港激光，开启国际化连锁拓展。

2010 年，苏宁易购正式上线，依托大开发、营销变革、服务变革、管理提升、人才梯队建设，构建面向未来发展的新平台，打造国内领先的电子商务网购平台。

阶段特征：依托息化建设实现内部组织再造和统一管理，通过"租、建、购、并"等形式，立体推进连锁开发。

阶段成果：2004 年苏宁电器成功上市，2009 年成为排名最高的《福布斯》中国零售企业，排名第一的中国民营企业。

（三）探索转型阶段（2011 年至今）

发展模式与平台构建。2011 年苏宁全球总部基地启用，打造世界级管理平台，同年发布十年发展规划，启动以"科技转型，智慧再造"为方向的发展规划，目标到 2020 年跻身世界一流企业行列。2012 年，"云集苏宁，易购天下"苏宁易购总部基地奠基，世界级电子商务总部建设正式启动。2013 年初，正式公布新模式、新组织、新形象，标志着行业革命性的"云商"模式全面落地，开启了跨越式发展的新征程。2013年6月，全国所有苏宁门店、乐购仕门店销售的所有商品与苏宁易购实现同品同价，实现了全国首例大型零售商全面推行线上线下同价，标志着苏宁迈出了多渠道融合的重要一步，标志着苏宁O2O模式的全面运行。2013年"苏宁美国研发中心暨硅谷研究院"揭幕，着眼于融合线上线下O2O模式，聚焦于智能搜索、大数据、高性能计算、互联网金融等领域的前沿技术研究。2015年在上海建设第二总部，将现有总部部分职能平移到上海，在互联网零售、PPTV、国际化、金融投资、研发、人才等方面，加强多元产业的融合集聚发展，加速进入互联网零售的快车道。2015年，苏宁第三方物流企业服务平台项目正式发布上线。

品牌经营。2011年底，旗下中国首家乐购仕生活广场（LAOX LIFE）正式开业，苏宁在国内的"双品牌战略"正式落地。随后，乐购仕生活广场全面入驻北京、上海、广州、深圳等城市。2012年4月，苏宁首个自动化仓库正式上线运行。

整合并购。2011年，收购红孩子公司，承接"红孩子"及"缤购"两大品牌和公司的资产、业务，这是苏宁在电商领域的首次并购，对于苏宁"超电器化"经营和苏宁易购品类拓展、精细运营、规模提升具有重要意义，也拉开了电商行业整合大幕。

门店建设。2012年年底，正式推出全新一代实体零售门店——苏宁地区旗舰店。苏宁全球第一生活广场南京新街口Expo超级店正式开业，并迎来元旦黄金周"开门红"。2015年年初，首批2家苏宁易购直营店在江苏省宿迁市洋河镇和盐城市龙冈镇正式开业；3月，苏宁超市公司正式进军生鲜市场，开售自营生鲜产品，并命名为"苏鲜生"；4月，苏宁新一代互联网云店在南京山西路店和上海浦东店正式开业。

人力资源。2012联合举办"大学生择业暨企业人才培养高峰论坛"，发布与科技化、多元化、国际化新苏宁相匹配的人力资源战略：未来苏宁将坚持价值共享、创新激励机制，打造一支知识型、专业型、开放型人才团队，并继续通过校园招聘、自主培养方式培育事业接班人。

跨界投资与产业融合。2013年，苏宁和弘毅将以4.2亿美元的公司基准估值联合战略投资PPTV聚力。2014年初，收购满座网，并整合为本地生活事业部，加速本地生活服务领域的发展，推动线上线下融合的O2O战略进一步深入。成立"苏宁互联"独立公司，作为虚拟运营商，全面进军移动转售业务。2014年，旗下的南京苏宁易付宝网络科技有限公司（以下简称"易付宝"）推出的余额理财产品"零钱宝"正式上线。2015年，苏宁消费金融公司正式开业运营，第一款代表性产品"任性付"与外界见面。"苏宁物流报关代理服务有限公司"获批。2015年2月，苏宁云创私募REITs在深圳交易所正式挂牌上市，这也是中国首支交易所场内交易的商贸物业私募REITs。2015年8月10日与阿里巴巴签署《业务合作框架协议》并与其关联方（合称"阿里巴巴集团"）拟进行若干业务合作。公告称，双方将在电商、物流、售后服务、门店、O2O等领域展开合作，双方将共同规划境外业务的拓展，整合阿里巴巴集团的境外电商经营能力和公司的海外门店资源。阿里巴巴宣布将以约283亿元人民币战略投资苏宁，成为第二大股东；苏宁将以140亿元人民币认购不超过2780万股的阿里新发行股份。2015年9月，苏宁与万达达成战略合作协议，苏宁易购云店等品牌将进入已开业或即将开业的万达广场经营，双方确定的首批合作项目为40个。

客户服务。客服体系成功通过了4PS国际标准认证，正式全面接轨4PS国际标准体系，成为国内首家获得该标准认证的互联网零售企业和虚拟运营商企业。

社会责任。2014年，苏宁延续公益庆生的传统，宣布正式上线公益频道，旨在发挥线上线下O2O融合优势，探索互联网时代下的公益之路。与航天信息集团（"航天信息"）举行签约仪式，正式宣布双方合力推进国内电子发票业务发展，扩大电子发票应用领域和地域，让电商规范化发展有据可依。2015年9月，苏宁云商和国务院扶贫办在北京签署全国农村电商扶贫战略合作框架协议，双方将在"电商扶贫双百示范行动"、电商扶贫O2O展销专区、"10·17扶贫购物节"、农村电商人才培养等四个方面展开合作。该协议签署后，将惠及全国约104个贫困区县，234万农村贫困家庭。

阶段特征：依托科技手段，通过平台建设、品牌经营、整合并购、产业投资、跨界融合、门店升级等手段，推动企业经营多元化，提升客户服务能力，承担社会责任，提升品牌形象。

阶段成果：2015年，世界品牌实验室在京发布了2015年《中国500最具价值品牌》排行榜，苏宁以1167.81亿元的品牌价值，位居排行榜第13位，成为最具价值的互联网零售品牌。

二、案例分析

在电商硝烟弥漫的时代，苏宁显然没有停止自己的步伐，也没有因实体产业被唱衰而止步。创业至今26年，尤其是近年来，苏宁坚持转型与创新。在从"+互联网"到"互联网+"的转型过程中，苏宁实现了由"1"到"N"的跨越，但是多业态的企业经营效果到底如何？我们将依据企业发展指数变化趋势,揭开这一零售市场商业巨擘的神秘面纱。

(一)苏宁云商综合发展指数分析

为了便于清晰、直观地分析苏宁云商近年来企业发展情况,我们以2008—2015年商贸流通上市公司发展指数为基础,对该年度商贸流通上市公司和零售业上市公司发展指数平均值进行了测算,以便于比较分析。

表5-1 苏宁云商及行业上市公司发展指数均值情况表

指标	2008年	2009年	2010年	2011年	2012年	2013年	2014年	2015年
苏宁云商	365	287	231	240	107	86	97	56
商贸流通上市公司发展指数均值	125	123	145	136	113	113	109	109
零售业上市公司发展指数均值	124	137	151	158	131	124	118	104

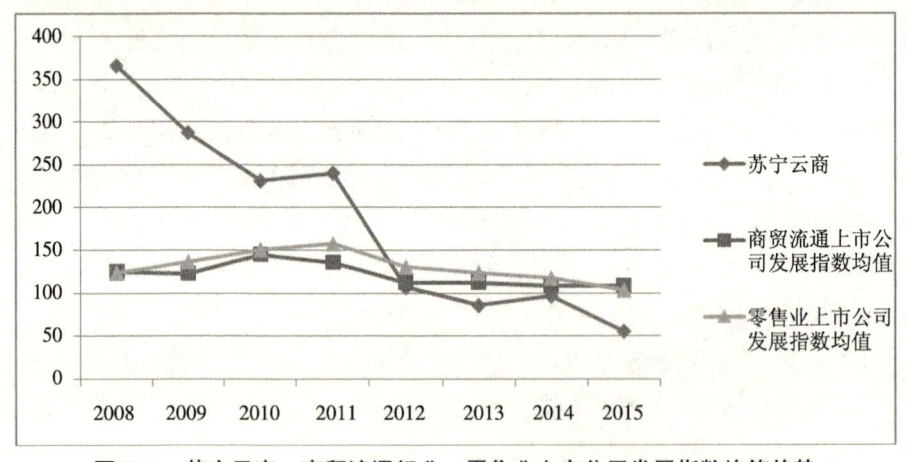

图5-1 苏宁云商、商贸流通行业、零售业上市公司发展指数均值趋势

由表5-1和图5-1可知,2008年以来,尽管苏宁近年来在改革和创新方面采取了很多措施,但企业发展状况并没有明显好转,企业发展指数呈现出明显的下降趋势。

2008—2011年,零售业上市公司发展指数整体呈现稳步增长趋势,商贸流通上市公司同样表现出较好的发展势头(尽管这一趋势在2011年有所调整),同一期间,苏宁云商发展指数由2008年的365降低至2010年的231,2011年略有恢复,短暂升至240,降速比较明显,但整体而言,苏宁在零售上市公司及商贸流通上市公司中,仍然处于领先位置,其发展指数高于行业均值100点。

2011年后,商贸流通业、零售业上市公司发展指数均呈现出下降趋势,苏宁云商也在 2012 年经历了企业发展的重要拐点，发展指数降至 107，低于同年商贸流通上市公司发展指数均值 113，更低于同年零售业上市公司发展指数均值 131。

经过近 5 年的调整，商贸流通上市公司发展指数已经趋于平稳，2014、2015 年均为 109，零售业上市公司发展指数降低趋势也有所收敛，同期苏宁云商在 2012—2014 年企业发展指数相对平稳，2014 年后又呈现出加速下降趋势，且与行业之间的差距进一步拉大。

具体来说，苏宁云商在转型过程中，销售毛利率、期间费用率、总资产周转率和营业收入现金净含量等对企业发展指数的综合负面影响比较明显，企业销售能力竞争力减弱。虽然企业在流动比率、速动比率、资产负债率、现金流动负债比和应付账款周转率等方面的表现虽有下降，但整体保持较为稳定，财务稳健性整体良好。其盈利在 2008—2011 年间增长较为明显外，2011 年后呈现出较为明显的下降趋势，该项指标由企业资产净利润率、净资产收益率、每股收益和企业自由现金流等方面因素进行解释。利润增长因子长期处于负值，反映出企业近年来的盈利能力整体表现欠佳。财务质量因子整体呈现出稳步上升的趋势，反映出企业财务质量有了较为明显的改善。

梳理苏宁的发展历程，综合企业发展指数及其各项发展指标，总体认为：

第一，与阿里、京东等植根于互联网基因的公司相比，受制于企业架构、资本积累方式、扩张手段、销售方式、人力资源构成等因素的影响，苏宁近年来的发展受到较大冲击，企业发展指数降低明显。

第二，经过近年的战略调整，企业线上线下融合，O2O 发展模式，轻资产、多元化投资的发展方向比较明显，企业经过几年的阵痛，赢得了新的发展机遇。企业在发展物流业、构建完善的配送体系；登陆硅谷，建设海外研究院，加速互联网转型、布局全球研发；成立苏宁银行，扩大苏宁金服服务范围；成立众包平台，提供众包服务解决方案，实现创意转化、产品孵化、品牌放大及市场的加速扩张；转让资产，成立私募投资基金，开拓创新性资产运作模式；寻求外界合作，与阿里、万达、联想等深度合作，联合弘毅投资，投资 PPTV；联合广发基金、汇添富合作的"类余额宝"产品，发展零钱宝；投身公益事业等方面做出了巨大努力。

第三，面对复杂多变的市场环境，面临现实和潜在的"互联网+"和电商企业的激烈竞争，苏宁的发展仍存在巨大的不确定性。如何借助新的发展理念或技术手段，转化优势、补足短板、赢得竞争，是企业今后一段时间需要着重研究和必须解决的问题。

第二节 南宁百货发展历程及其发展能力评价

一、南宁百货发展历程

南宁百货位于广西壮族自治区首府南宁市,企业创建于1956年2月,1992年12月改制为国有控股的股份制公司,1996年6月南宁百货大楼股份有限公司股票"南宁百货"在上海证交所上市发行,成为广西商业企业第一家上市公司。经过五十余年的发展,南宁百货现已成为广西目前规模最大的商业零售企业,主要业务和实体店分布在南宁市、贵港市、贺州市、百色市、崇左市等广西各市县,公司从事商业零售业务,主营业态涉及百货、超市、家电、汽车、电子商务等,以经营百货为主。

近些年,中国实体经济告别高速增长,面临增速放缓、结构调整的经济发展新常态。2014年以来,南宁百货的营业收入受到前所未有的冲击,2014年的营业收入为24.97亿元,较2013年减少3.97亿元,2015年营业收入持续下滑至23.67亿元。营业收入的大幅下滑主要在于消费市场整体偏弱、渠道竞争加剧以及电商对实体门店的分流等因素对传统实体零售行业形成一定压力,且公司在南宁市的几个主力门店仍受地铁工程围挡施工影响;同时,金湖店处于半停业状态、销售不佳。其2015年的管理费用和财务费用分别较上年增加5.42%和12.86%。管理费用增加在于预提工资奖金,财务费用增加主要因为本期增加短期借款,贷款利息支出也相应增加。营业利润率较上年减少1.41%,成本费用利润率较上年减少2.31%。上述指标的变化都反映了南宁百货发展不善的状况和问题。

二、案例分析

为了便于清晰、直观地分析南宁百货近年来企业发展情况,我们以2008—2015年商贸流通上市公司发展指数为基础,对该年度商贸流通上市公司和零售业上市公司发展指数平均值进行了测算,以便于比较分析。

表 5-2　南宁百货及行业上市公司发展指数均值情况表

年份	2008年	2009年	2010年	2011年	2012年	2013年	2014年	2015年
南宁百货	190	172	389	169	104	99	40	89
商贸企业发展指数均值	125	123	145	136	113	113	109	109
零售企业发展指数均值	124	137	151	158	131	124	118	104

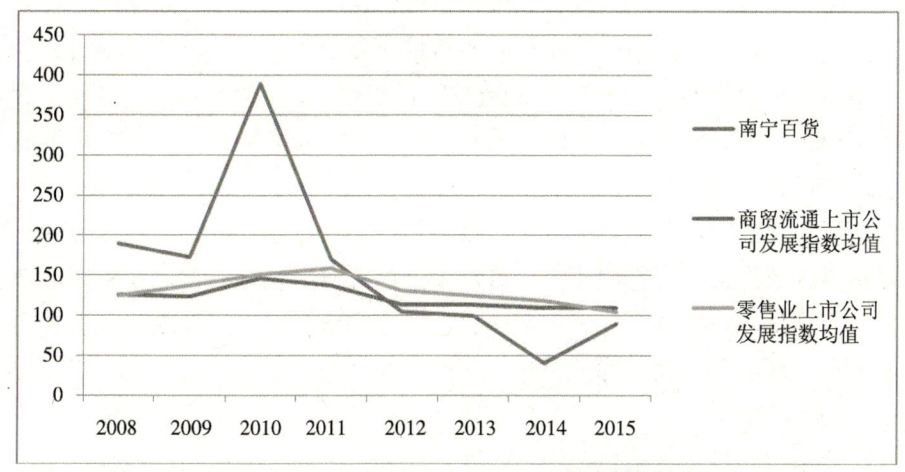

图 5-2　南宁百货、商贸流通行业、零售业上市公司发展指数均值趋势

由表 5-2 和图 5-2 可知，2008 年以来，尽管南宁近年来在改革和创新方面采取了很多措施，但企业发展状况并没有明显好转，企业发展指数呈现出明显的下降趋势。

2008—2011 年零售业上市公司发展指数整体呈现稳步增长趋势，商贸流通上市公司同样表现出较好的发展势头（尽管这一趋势在 2011 年有所调整），同一期间，南宁百货发展指数由 2008 年的 190 迅速升至 2010 年的 389，又快速降低至 2011 年的 169，区间波动比较明显，但整体而言，南宁百货在零售上市公司及商贸流通上市公司中，仍然保持一定优势，其发展指数均高于行业平均水平。

2011 年后，商贸流通业、零售业上市公司发展指数均呈现出下降趋势，南宁百货在 2010 年经历了企业发展短期高峰后，进入重要拐点，发展指数由峰值 389 迅速降低，并于 2012 年，降低至行业发展平均水平以下，2014 年降至区间最低值 40，2015 年略有恢复，升至 89。

经过近 5 年的调整，商贸流通上市公司发展指数已经趋于平稳，2014、2015 年均为 109，零售业上市公司发展指数降低趋势也有所收敛，同期南宁百货在2012—2014年企业发展指数相对平稳，2014年后又呈现出加速下降趋势，且与行业之间的差距进一步拉大。

综合分析南宁百货发展欠佳、经营业绩下滑的原因，可归结于以下几个方面：

新兴业态发展带来的风险。电子商务的迅猛发展，拓宽了购物的渠道和选择，而广西传统百货业线上业务发展缓慢，销售渠道单一，商品种类有限，其市场被电商企业瓜分，销售出现下滑。与传统实体零售业的低迷相比，互联网消费却持续火热。2015年广西电子商务零售额增长超过120%，对服装、鞋帽、针纺织品、化妆品、日用品等商品的零售挤压效应明显。加上沃尔玛、家乐福等大型商业综合体的兴起，消费者更倾向于休闲体验式消费购物，传统百货商场业态单一，难以满足消费升级的需求。这些新兴业态的发展给南宁百货的发展带来强劲挤压。

市场竞争加剧风险。公司除了面对购物中心、电子商务等新兴业态的全方位冲击外，还将面临同行业竞争，特别是公司经营区域内新增的多家区域性、全国性零售企业对公司形成了一定压力，竞争态势将进一步加剧，公司的市场占有率和盈利能力存在下降的风险。同时，实体门店的销售乏力也会影响到公司物业的招商工作。

门店租赁期满不能续租及租金上涨的风险。公司外埠门店的经营权主要通过租赁取得。由于经营场所的选取对销售业务有重要的影响，各个门店尤其是地段较好的门店租赁期满后能否续租，将对公司正常经营非常重要。如不能续租，公司将不得不重新寻找新的经营场地，从而承受由于迁移、装修、暂时停业、租金提高、重新培育市场等带来的额外成本，甚至可能面临闭店的风险。即使租赁期满能够续租，也面临着业主提高租金的风险。

管理与经营的风险。公司力图通过转型和变革应对行业竞争。随着公司转型变革的落地与实施，在资源整合、经营管理、品牌招商等方面对管理提出了更高的要求；同时，各门店销售下滑导致一些分、子公司出现亏损，最终影响公司的整体业绩。甚至面临主营业务出现亏损的风险。

市政建设影响带来的风险。2016年南宁市地铁建设围挡施工仍未完工，影响公司朝阳店、新世界店的一号线预计年末通车；三号线去年开建对金湖店造成很大的影响。交通不便致使客源流失严重，且多年的地铁围挡施工在一定程度上改变了消费者的购物习惯，存在销售额下滑、毛利额下降的风险。

中央政策影响带来的风险。自从党中央在全国上下严格实施"八项规定"以来，各种高端礼品消费开始呈现急速下坡路，同时"光盘计划"也给销售业绩带来影响，各种铺张浪费现象得到有效遏制。这在一定程度上也对南宁百货的经营业绩带来不利影响。

地域经济环境影响带来的风险。南宁百货主要店面分散在广西，广西虽然依托中国—东盟经济圈的利好优势，但没有主打产品进入广西市场，同时广西是老少穷边地区，由于历史原因，工业本不发达，基础薄弱，交通与原材料形成鲜明对比，丰富的原材料与交通布置格局形成了反向，自始至终没有效好对接，这导致大量人才外流。在各消费品类中，穿、用和装饰类的消费需求将会有一定幅度缩减。而居民收入水平增速放缓，消费者将转而寻求物美价廉的产品，必将对传统零售行业的增长造成较大压力。南宁百货的主要产品属于第三产业服务业，大批外流的年轻人使广西本土的百货市场需求大幅下降，这也在一定基础上影响南宁百货的发展。

宏观经济波动风险。百货零售行业对经济景气度的影响较为敏感，国家推行的传统制造业升级转型和资源型行业的去产能都将对零售行业产生较大影响。因此，传统百货零售行业的持续低迷态势短期内无法得到改变，消费需求降低的态势将对公司的经营业绩造成不利影响。

总之，在经济新常态的影响下，传统百货公司的经营发展战略必须有壮士断腕的勇气和智慧寻求发展新方向，才能避免被碾压在新时代的车轮之下。

第六章 研究结论

第一节　主要研究结论

根据构建的商贸流通上市公司发展状况指标体系以及评价指数计算方法，本研究选择109家商贸流通上市公司作为研究样本计算了商贸流通上市公司2007—2012年发展指数。通过构建商贸流通上市公司发展指数，本研究得到了一些有意义的结论，希望能够为商贸流通企业的生存和发展提供借鉴。

第一，我国商贸流通业上市公司发展指数整体趋势表现为"增长—稳定—增长"。这与我国宏观经济政策有着密切的关系，一方面行业的发展受到宏观经济发展水平和经济政策的影响与制约，另一方面它也是宏观经济健康发展的催化剂，可以起到促进宏观经济发展的作用。商贸流通业发展既是国民经济的重要组成部分，也会随着产业结构和消费结构的升级换代而带来自身的发展机会。因此，经济的持续健康发展是商贸流通行业健康发展的根本保障。

第二，运营因子和利润增长因子是促进我国商贸流通业上市公司最重要的两个因素，上市公司应维持和进一步改善运营能力，实现运营因子的稳定增长，并保持利润的持续增长。我国商贸流通业上市公司的财务质量稳步提升。这需要商贸流通行业上市公司积极应对消费者消费习惯改变的趋势，积极筹划，引领消费趋势，主动对接"互联网+"的新情况，美国近期部分商贸企业因为不能积极应对电子商务带来的挑战不得不申请破产保护就是很好的证明。

第二节　未来研究展望

财务指标反映了上市公司的经营结果，使用财务指标构建的发展指数虽然可以反映公司经营的结果，但并不能完全反映产生这种结果的动因。财务指标可以反映企业的规模、增长的潜力、财务风险的高低，但并不全面。商贸流通业发展的影响因素众多，指标信息含量有待提高。本文构建的商贸流通业发展指数取值全部来自上市公司的财务指标，显然对上市公司的经营情况有较好的概括。影响企业发展水平的因素还包括人力资源管理、市场前景、企业文化、企业战略选择等多方面的、非财务的因素。外部环境因素没有得到反映，外部环境因素作为重要的外生变量对商贸流通业发展起到了关键作用。近年来，商贸流通业与外部环境的互动增加，其自身对外部环境的影响力也在持续提高，尤其是一些大型商贸流通企业开始影响宏观政策的制定，尝试改变消费者行为习惯。充分考虑这些因素的影响将使得发展指数的信息含量更高，对商贸流通业发展水平的评价更加真实可靠。商贸流通业中不断产生新兴业态，使商贸流通业上市公司的代表性下降。一方面商贸流通业新兴业态发展迅速，逐步成为影响商贸流通业发展的重要因素。另一方面，商贸流通业上市公司的营业额在全行业的营业总额中所占比重有所下降。因此，以商贸流通业上市公司为样本构建的发展指数对整个商贸流通行业的代表性有所下降。但限于数据的可获得性，本文并未将上述指标纳入到评价体系之中，将在后续研究中予以完善，新的业态也将在今后的研究中改进。

本文中主成分分析法对各指标的赋权是以2008年为基期完成的，在短期内，各指标之间权重的微小变化并不会对指数的结果产生重大影响，但此方法受宏观经济形势的影响较大，一旦出现重大的外部环境变化，将使得指标之间的权重发生巨大改变，在此情况下，根据基期数据得到的权重将不再适用。因此，有必要探索动态赋权的方法，使权重分配更加科学、客观。本研究仅作了一次初步的尝试，希望通过不断修改和完善，建立起更为科学的评价模型与方法。未来的研究将在两个方面展开：一是尝试将反映企业非财务因素的指标纳入到发展指数的衡量体系中，二是在数据可获得的情况下扩大样本公司的范围，尝试将非上市公司纳入到样本中，提高样本公司的代表水平。

附录1：商贸流通业上市公司样本名单

代码	简称	行业名称	上市日期
000721	西安饮食	餐饮业	1997-04-30
002186	全聚德	餐饮业	2007-11-20
600787	中储股份	仓储业	1997-01-21
600794	保税科技	仓储业	1997-03-06
000548	湖南投资	道路运输业	1993-12-20
000900	现代投资	道路运输业	1999-01-28
000916	华北高速	道路运输业	1999-09-27
600020	中原高速	道路运输业	2003-08-08
600033	福建高速	道路运输业	2001-02-09
600106	重庆路桥	道路运输业	1997-06-18
600119	长江投资	道路运输业	1998-01-15
600269	赣粤高速	道路运输业	2000-05-18
600350	山东高速	道路运输业	2002-03-18
600368	五洲交通	道路运输业	2000-12-21
600377	宁沪高速	道路运输业	2001-01-16
600548	深高速	道路运输业	2001-12-25
600561	江西长运	道路运输业	2002-07-16
600611	大众交通	道路运输业	1992-08-07
600650	锦江投资	道路运输业	1993-06-07
600662	强生控股	道路运输业	1993-06-14
600676	交运股份	道路运输业	1993-09-28
000089	深圳机场	航空运输业	1998-04-20
000099	中信海直	航空运输业	2000-07-31
600004	白云机场	航空运输业	2003-04-28
600009	上海机场	航空运输业	1998-02-18
600029	南方航空	航空运输业	2003-07-25
600115	东方航空	航空运输业	1997-11-05
600221	海南航空	航空运输业	1999-11-25
600270	外运发展	航空运输业	2000-12-28

续表

代码	简称	行业名称	上市日期
600897	厦门空港	航空运输业	1996-05-31
601111	中国国航	航空运输业	2006-08-18
000026	飞亚达A	零售业	1993-06-03
000078	海王生物	零售业	1998-12-18
000417	合肥百货	零售业	1996-08-12
000419	通程控股	零售业	1996-08-16
000501	鄂武商A	零售业	1992-11-20
000516	国际医学	零售业	1993-08-09
000560	昆百大A	零售业	1994-02-02
000564	西安民生	零售业	1994-01-10
000593	大通燃气	零售业	1996-03-12
000679	大连友谊	零售业	1997-01-24
000753	漳州发展	零售业	1997-06-26
000759	中百集团	零售业	1997-05-19
000785	武汉中商	零售业	1997-07-11
000851	高鸿股份	零售业	1998-06-09
000963	华东医药	零售业	2000-01-27
000987	越秀金控	零售业	2000-07-18
002024	苏宁云商	零售业	2004-07-21
002187	广百股份	零售业	2007-11-22
600122	宏图高科	零售业	1998-04-20
600272	开开实业	零售业	2001-02-28
600280	中央商场	零售业	2000-09-26
600297	广汇汽车	零售业	2000-11-16
600327	大东方	零售业	2002-06-25
600337	美克家居	零售业	2000-11-27
600361	华联综超	零售业	2001-11-29
600386	北巴传媒	零售业	2001-02-16
600515	海航基础	零售业	2002-08-06
600628	新世界	零售业	1993-01-19
600653	申华控股	零售业	1990-12-19
600655	豫园商城	零售业	1992-09-02
600682	南京新百	零售业	1993-10-18
600693	东百集团	零售业	1993-11-22

续表

代码	简称	行业名称	上市日期
600694	大商股份	零售业	1993-11-22
600697	欧亚集团	零售业	1993-12-06
600712	南宁百货	零售业	1996-06-26
600713	南京医药	零售业	1996-07-01
600723	首商股份	零售业	1996-07-16
600729	重庆百货	零售业	1996-07-02
600738	兰州民百	零售业	1996-08-02
600774	汉商集团	零售业	1996-11-08
600778	友好集团	零售业	1996-12-03
600785	新华百货	零售业	1997-01-08
600814	杭州解百	零售业	1994-01-14
600821	津劝业	零售业	1994-01-28
600824	益民集团	零售业	1994-02-04
600827	百联股份	零售业	1994-02-04
600828	茂业商业	零售业	1994-02-24
600833	第一医药	零售业	1994-02-24
600838	上海九百	零售业	1994-02-24
600857	宁波中百	零售业	1994-04-25
600859	王府井	零售业	1994-05-06
600861	北京城乡	零售业	1994-05-20
600865	百大集团	零售业	1994-08-09
600898	三联商社	零售业	1996-04-18
600976	健民集团	零售业	2004-04-19
000025	特力 A	批发业	1993-06-21
000028	国药一致	批发业	1993-08-09
000032	深桑达 A	批发业	1993-10-28
000096	广聚能源	批发业	2000-07-24
000151	中成股份	批发业	2000-09-06
000159	国际实业	批发业	2000-09-26
000411	英特集团	批发业	1996-07-16
000554	泰山石油	批发业	1993-12-15
000626	如意集团	批发业	1996-11-28
000632	三木集团	批发业	1996-11-21
000638	万方发展	批发业	1996-11-26

续表

代码	简称	行业名称	上市日期
000652	泰达股份	批发业	1996-11-28
000701	厦门信达	批发业	1997-02-26
000705	浙江震元	批发业	1997-04-10
000829	天音控股	批发业	1997-12-02
000906	物产中拓	批发业	1999-07-07
000996	中国中期	批发业	2000-07-18
002091	江苏国泰	批发业	2006-12-08
600051	宁波联合	批发业	1997-04-10
600058	五矿发展	批发业	1997-05-28
600120	浙江东方	批发业	1997-12-01
600128	弘业股份	批发业	1997-09-01
600153	建发股份	批发业	1998-06-16
600203	福日电子	批发业	1999-05-14
600241	时代万恒	批发业	2000-11-28
600250	南纺股份	批发业	2001-03-06
600278	东方创业	批发业	2000-07-12
600287	江苏舜天	批发业	2000-09-01
600335	国机汽车	批发业	2001-03-05
600382	广东明珠	批发业	2001-01-18
600387	海越股份	批发业	2004-02-18
600511	国药股份	批发业	2002-11-27
600626	申达股份	批发业	1993-01-07
600647	同达创业	批发业	1993-05-04
600648	外高桥	批发业	1993-05-04
600677	航天通信	批发业	1993-09-28
600704	物产中大	批发业	1996-06-06
600739	辽宁成大	批发业	1996-08-19
600753	东方银星	批发业	1996-09-27
600755	厦门国贸	批发业	1996-10-03
600811	东方集团	批发业	1994-01-06
600822	上海物贸	批发业	1994-02-04
600826	兰生股份	批发业	1994-02-04
600829	人民同泰	批发业	1994-02-24
600981	汇鸿集团	批发业	2004-06-30

续表

代码	简称	行业名称	上市日期
600993	马应龙	批发业	2004-05-17
000022	深赤湾A	水上运输业	1993-05-05
000507	珠海港	水上运输业	1993-03-26
000520	长航凤凰	水上运输业	1993-10-25
000582	北部湾港	水上运输业	1995-11-02
000905	厦门港务	水上运输业	1999-04-29
002040	南京港	水上运输业	2005-03-25
600017	日照港	水上运输业	2006-10-17
600018	上港集团	水上运输业	2006-10-26
600026	中海发展	水上运输业	2002-05-23
600190	锦州港	水上运输业	1999-06-09
600242	中昌海运	水上运输业	2000-12-07
600279	重庆港九	水上运输业	2000-07-31
600317	营口港	水上运输业	2002-01-31
600428	中远航运	水上运输业	2002-04-18
600575	皖江物流	水上运输业	2003-03-28
600692	亚通股份	水上运输业	1993-11-19
600717	天津港	水上运输业	1996-06-14
600751	天海投资	水上运输业	1996-09-09
600798	宁波海运	水上运输业	1997-04-23
600896	中海海盛	水上运输业	1996-05-03
601008	连云港	水上运输业	2007-04-26
601866	中海集运	水上运输业	2007-12-12
601872	招商轮船	水上运输业	2006-12-01
601919	中国远洋	水上运输业	2007-06-26
600125	铁龙物流	铁路运输业	1998-05-11
601006	大秦铁路	铁路运输业	2006-08-01
601333	广深铁路	铁路运输业	2006-12-22
000007	全新好	住宿业	1992-04-13
000428	华天酒店	住宿业	1996-08-08
000524	岭南控股	住宿业	1993-11-18
000613	大东海A	住宿业	1997-01-28
600258	首旅酒店	住宿业	2000-06-01
600754	锦江股份	住宿业	1996-10-11

续表

代码	简称	行业名称	上市日期
601007	金陵饭店	住宿业	2007-04-06
600830	香溢融通	租赁业	1994-02-24

附录 2：商贸流通业上市公司 2008—2015 年发展指数（共 167 家）

代码	简称	行业	DEV							
			2008	2009	2010	2011	2012	2013	2014	2015
000007	全新好	住宿业	23	34	43	45	39	135	21	121
000022	深赤湾A	水上运输业	330	173	288	180	167	194	162	220
000025	特力A	批发业	45	50	56	45	48	75	71	123
000026	飞亚达A	零售业	85	90	101	85	80	79	94	92
000028	国药一致	批发业	154	172	119	181	224	206	87	191
000032	深桑达	批发业	58	83	70	67	166	40	188	103
000078	海王生物	零售业	56	64	127	56	69	89	50	175
000089	深圳机场	航空运输业	137	220	249	185	152	115	87	120
000096	广聚能源	批发业	127	87	88	81	63	93	84	143
000099	中信海直	航空运输业	95	96	128	103	102	113	105	87
000151	中成股份	批发业	71	55	27	40	177	194	164	45
000159	国际实业	批发业	137	75	327	148	69	48	100	33
000411	英特集团	批发业	115	120	125	219	95	115	94	96
000417	合肥百货	零售业	201	206	247	348	167	153	123	94
000419	通程控股	零售业	90	128	121	140	99	97	88	67
000428	华天酒店	住宿业	140	150	89	80	75	66	26	43
000501	鄂武商A	零售业	162	220	240	248	287	304	298	292
000507	珠海港	水上运输业	81	62	114	251	69	77	106	84
000516	国际医学	零售业	122	191	201	131	102	87	175	108
000520	长航凤凰	水上运输业	57	13	34	12	37	40	94	117
000524	岭南控股	住宿业	61	18	74	108	103	84	81	87
000548	湖南投资	道路运输业	58	67	68	72	56	65	116	79
000554	泰山石油	批发业	475	107	324	249	242	194	69	101
000560	昆百大A	零售业	48	86	150	100	76	64	61	44
000564	西安民生	零售业	187	72	136	96	116	100	89	91
000582	北部湾港	水上运输业	117	139	150	179	192	323	149	82

续表

代码	简称	行业	DEV							
			2008	2009	2010	2011	2012	2013	2014	2015
000593	大通燃气	零售业	85	231	84	204	56	94	57	75
000613	大东海A	住宿业	50	19	47	22	44	30	37	16
000626	如意集团	批发业	99	159	121	140	78	103	339	267
000632	三木集团	批发业	48	127	66	36	84	44	28	130
000638	万方发展	批发业	375	121	79	40	34	79	73	32
000652	泰达股份	批发业	75	112	117	42	67	166	52	59
000679	大连友谊	零售业	122	177	298	75	86	62	63	26
000701	厦门信达	批发业	116	101	123	134	72	252	118	98
000705	浙江震元	批发业	70	72	83	77	108	83	70	64
000721	西安饮食	餐饮业	82	98	81	80	60	62	50	23
000753	漳州发展	零售业	46	102	83	106	66	89	43	32
000759	中百集团	零售业	166	143	147	137	110	98	83	75
000785	武汉中商	零售业	116	112	125	133	112	101	80	47
000829	天音控股	批发业	106	158	107	70	68	71	109	36
000851	高鸿股份	零售业	53	114	57	38	63	113	53	88
000900	现代投资	道路运输业	370	369	411	291	115	137	138	130
000905	厦门港务	水上运输业	91	59	89	99	132	174	146	124
000906	物产中拓	批发业	37	171	154	140	81	170	78	66
000916	华北高速	道路运输业	127	149	129	122	116	125	114	73
000963	华东医药	零售业	181	312	197	231	280	279	320	316
000987	越秀金控	零售业	304	310	387	472	354	245	172	159
000996	中国中期	批发业	79	151	145	67	125	64	49	50
002024	苏宁云商	零售业	365	287	231	240	107	86	97	56
002040	南京港	水上运输业	61	53	86	68	71	61	57	65
002091	江苏国泰	批发业	194	164	206	188	177	145	110	133
002186	全聚德	餐饮业	125	152	167	263	259	127	135	127
002187	广百股份	零售业	207	205	221	175	116	117	101	109
600004	白云机场	航空运输业	119	129	141	138	174	240	269	268
600009	上海机场	航空运输业	123	106	250	255	253	311	328	401
600017	日照港	水上运输业	106	111	93	106	125	96	91	73
600018	上港集团	水上运输业	157	107	187	149	128	126	156	140
600020	中原高速	道路运输业	87	82	129	89	92	90	124	112
600026	中海发展	水上运输业	622	83	140	78	47	16	43	100

续表

代码	简称	行业	DEV							
			2008	2009	2010	2011	2012	2013	2014	2015
600029	南方航空	航空运输业	18	56	374	150	82	96	119	137
600033	福建高速	道路运输业	267	146	115	103	95	115	109	143
600051	宁波联合	批发业	70	99	95	106	52	31	79	69
600058	五矿发展	批发业	127	44	117	100	28	41	39	42
600106	重庆路桥	道路运输业	82	84	104	209	97	125	96	102
600115	东方航空	航空运输业	31	38	446	160	144	61	74	130
600119	长江投资	道路运输业	42	38	66	183	49	52	62	89
600120	浙江东方	批发业	61	161	147	78	113	146	126	119
600122	宏图高科	零售业	118	101	118	79	56	80	87	81
600125	铁龙物流	铁路运输业	144	234	193	234	159	102	133	88
600128	弘业股份	批发业	37	58	68	82	70	73	59	84
600153	建发股份	批发业	125	153	200	173	193	109	71	140
600190	锦州港	水上运输业	129	102	102	102	78	85	69	62
600203	福日电子	批发业	70	15	34	86	82	86	97	96
600221	海南航空	航空运输业	23	41	382	131	112	91	93	116
600241	时代万恒	批发业	57	88	82	87	75	65	21	46
600242	中昌海运	水上运输业	358	56	222	104	96	16	28	76
600250	南纺股份	批发业	86	59	54	15	80	84	88	22
600258	首旅酒店	住宿业	177	167	255	94	135	114	120	84
600269	赣粤高速	道路运输业	256	194	180	123	119	81	83	92
600270	外运发展	航空运输业	94	56	121	88	108	131	116	183
600272	开开实业	零售业	127	73	68	60	90	62	73	59
600278	东方创业	批发业	77	73	88	180	84	87	63	79
600279	重庆港九	水上运输业	71	68	129	73	53	52	87	70
600280	中央商场	零售业	113	135	80	91	82	282	107	49
600287	江苏舜天	批发业	32	101	61	125	39	243	49	90
600297	广汇汽车	零售业	77	77	55	85	90	68	78	368
600317	营口港	水上运输业	141	63	96	73	122	98	76	108
600327	大东方	零售业	153	222	193	140	91	109	86	105
600335	国机汽车	批发业	47	10	29	304	134	178	169	173
600337	美克家居	零售业	64	75	95	109	74	112	84	109
600350	山东高速	道路运输业	222	186	294	336	201	214	197	260
600361	华联综超	零售业	129	111	182	167	138	116	117	53

续表

代码	简称	行业	DEV							
			2008	2009	2010	2011	2012	2013	2014	2015
600368	五洲交通	道路运输业	106	124	158	108	92	55	59	19
600377	宁沪高速	道路运输业	145	159	249	245	190	223	198	193
600382	广东明珠	批发业	140	57	148	212	232	96	402	49
600386	北巴传媒	零售业	88	173	153	176	128	132	148	119
600387	海越股份	批发业	38	98	91	74	107	100	54	45
600428	中远航运	水上运输业	513	50	100	59	91	60	123	58
600511	国药股份	批发业	217	192	206	115	177	177	195	194
600515	海航基础	零售业	24	26	111	23	164	62	97	81
600548	深高速	道路运输业	94	97	132	128	94	107	293	151
600561	江西长运	道路运输业	128	137	170	184	134	124	122	59
600575	皖江物流	水上运输业	88	42	130	298	57	73	24	58
600611	大众交通	道路运输业	91	98	129	86	70	88	91	115
600626	申达股份	批发业	81	79	124	121	92	76	74	78
600628	新世界	零售业	104	93	111	98	101	100	81	79
600647	同达创业	批发业	53	1030	98	129	103	133	31	84
600648	外高桥	批发业	186	88	93	57	107	53	84	72
600650	锦江投资	道路运输业	214	161	187	143	117	127	125	126
600653	申华控股	零售业	42	87	91	56	42	56	25	47
600655	豫园商城	零售业	129	128	165	147	156	188	136	107
600662	强生控股	道路运输业	87	95	101	194	83	109	93	83
600676	交运股份	道路运输业	100	108	117	98	116	103	109	104
600677	航天通信	批发业	54	54	128	116	72	52	18	55
600682	南京新百	零售业	80	81	81	88	154	102	440	197
600692	亚通股份	水上运输业	76	48	20	72	103	114	39	194
600693	东百集团	零售业	162	127	144	290	82	48	87	60
600694	大商股份	零售业	248	84	116	231	328	269	237	155
600697	欧亚集团	零售业	293	271	243	340	284	310	311	231
600704	物产中大	批发业	52	302	169	138	90	86	63	288
600712	南宁百货	零售业	190	172	389	169	104	99	40	89
600713	南京医药	零售业	66	79	31	50	31	30	69	64
600717	天津港	水上运输业	226	81	110	114	86	115	124	101
600723	首商股份	零售业	28	73	95	517	196	141	139	128
600729	重庆百货	零售业	262	252	542	269	307	271	141	125

续表

代码	简称	行业	DEV							
			2008	2009	2010	2011	2012	2013	2014	2015
600738	兰州民百	零售业	130	129	143	172	194	182	112	69
600739	辽宁成大	批发业	176	260	274	410	81	96	89	61
600751	天海投资	水上运输业	22	20	40	19	65	46	74	62
600753	东方银星	批发业	10	33	89	13	60	34	25	298
600754	锦江股份	住宿业	89	100	201	106	128	122	126	163
600755	厦门国贸	批发业	108	136	104	100	109	138	80	115
600774	汉商集团	零售业	54	67	128	95	70	83	75	81
600778	友好集团	零售业	101	129	139	268	374	208	142	60
600785	新华百货	零售业	199	354	295	225	219	149	113	96
600787	中储股份	仓储业	93	83	114	113	135	94	94	96
600794	保税科技	仓储业	159	327	332	237	152	101	87	101
600798	宁波海运	水上运输业	130	23	109	63	19	32	33	95
600811	东方集团	批发业	43	38	52	109	109	157	108	67
600814	杭州解百	零售业	122	112	111	110	91	79	317	107
600821	津劝业	零售业	15	51	71	110	60	45	97	27
600822	上海物贸	批发业	129	131	80	65	36	124	120	28
600824	益民集团	零售业	108	98	100	85	98	109	120	113
600826	兰生股份	批发业	66	113	103	47	60	53	308	187
600827	百联股份	零售业	128	141	170	182	118	96	101	93
600828	茂业商业	零售业	214	219	174	223	123	143	120	71
600829	人民同泰	批发业	111	150	153	129	93	31	59	129
600830	香溢融通	租赁业	42	58	60	139	73	123	66	102
600833	第一医药	零售业	71	106	85	86	87	69	77	80
600838	上海九百	零售业	41	48	46	104	38	63	51	75
600857	宁波中百	零售业	52	88	100	188	99	118	96	104
600859	王府井	零售业	160	203	199	256	220	170	75	152
600861	北京城乡	零售业	96	89	79	56	68	58	70	61
600865	百大集团	零售业	83	77	44	54	82	138	100	107
600896	中海海盛	水上运输业	139	70	62	42	13	49	21	60
600897	厦门空港	航空运输业	237	345	330	344	346	402	345	254
600898	三联商社	零售业	48	23	86	198	90	93	78	53
600976	健民集团	零售业	101	122	130	86	123	127	125	109
600981	汇鸿集团	批发业	88	127	72	64	48	105	37	227

续表

代码	简称	行业	DEV							
			2008	2009	2010	2011	2012	2013	2014	2015
600993	马应龙	批发业	153	299	108	114	135	128	126	138
601006	大秦铁路	铁路运输业	226	190	338	239	154	241	283	219
601007	金陵饭店	住宿业	92	102	109	118	83	63	66	69
601008	连云港	水上运输业	78	64	78	78	78	67	55	43
601111	中国国航	航空运输业	20	111	372	153	100	99	104	151
601333	广深铁路	铁路运输业	90	109	123	124	85	75	64	81
601866	中海集运	水上运输业	97	13	156	21	46	16	64	22
601872	招商轮船	水上运输业	215	66	107	67	74	16	52	387
601919	中国远洋	水上运输业	327	20	125	21	22	52	80	58

附录3：商贸流通业上市公司2008—2015年发展指数排名

代码	简称	行业	2008	2009	2010	2011	2012	2013	2014	2015
000007	全新好	住宿业	162	155	160	153	158	40	166	48
000022	深赤湾A	水上运输业	8	30	17	43	27	21	23	14
000025	特力A	批发业	148	145	153	152	151	118	118	47
000026	飞亚达A	零售业	105	97	108	117	113	113	77	85
000028	国药一致	批发业	40	32	85	41	13	18	92	20
000032	深桑达A	批发业	132	108	143	137	28	156	18	69
000078	海王生物	零售业	135	129	75	146	130	98	146	23
000089	深圳机场	航空运输业	49	17	22	37	35	59	89	49
000096	广聚能源	批发业	61	103	124	121	139	95	96	32
000099	中信海直	航空运输业	89	94	72	97	75	64	64	92
000151	中成股份	批发业	120	141	166	156	22	19	22	150
000159	国际实业	批发业	50	118	12	55	131	151	69	157
000411	英特集团	批发业	74	66	77	29	85	60	78	79
000417	合肥百货	零售业	25	20	23	4	26	31	42	82
000419	通程控股	零售业	96	58	83	58	79	86	86	121
000428	华天酒店	住宿业	47	45	123	123	120	126	160	154
000501	鄂武商A	零售业	35	18	25	19	6	5	10	6
000507	珠海港	水上运输业	111	132	93	17	132	116	63	96
000516	国际医学	零售业	66	25	31	69	76	101	19	61
000520	长航凤凰	水上运输业	134	165	163	167	160	157	79	52
000524	岭南控股	住宿业	130	163	140	89	74	108	101	93
000548	湖南投资	道路运输业	131	126	144	133	145	127	52	105
000554	泰山石油	批发业	3	77	13	18	11	20	123	73
000560	昆百大A	零售业	143	104	53	99	118	129	133	152
000564	西安民生	零售业	29	122	64	105	57	79	84	86
000582	北部湾港	水上运输业	71	50	54	44	20	2	25	99
000593	大通燃气	零售业	106	15	129	32	146	93	137	110

续表

代码	简称	行业	2008	2009	2010	2011	2012	2013	2014	2015
000613	大东海A	住宿业	142	162	157	161	155	163	155	167
000626	如意集团	批发业	86	39	84	60	115	74	4	9
000632	三木集团	批发业	145	61	148	159	102	154	158	40
000638	万方发展	批发业	4	65	138	157	162	115	117	159
000652	泰达股份	批发业	118	71	88	154	135	29	142	136
000679	大连友谊	零售业	67	28	14	129	99	134	129	162
000701	厦门信达	批发业	73	85	80	66	124	10	50	76
000705	浙江震元	批发业	122	123	131	128	67	110	121	126
000721	西安饮食	餐饮业	108	89	133	122	140	133	145	163
000753	漳州发展	零售业	147	81	130	90	136	99	149	158
000759	中百集团	零售业	34	48	56	65	63	84	99	111
000785	武汉中商	零售业	72	69	76	67	62	78	102	147
000829	天音控股	批发业	80	40	101	135	134	122	60	156
000851	高鸿股份	零售业	138	67	152	158	138	65	141	90
000900	现代投资	道路运输业	5	2	3	10	59	39	31	38
000905	厦门港务	水上运输业	95	134	122	102	43	26	27	46
000906	物产中拓	批发业	155	33	50	61	111	28	108	123
000916	华北高速	道路运输业	59	46	68	76	55	49	54	113
000963	华东医药	零售业	31	6	35	25	8	7	6	4
000987	越秀金控	零售业	10	7	5	2	2	11	20	26
000996	中国中期	批发业	113	43	58	138	47	130	147	144
002024	苏宁云商	零售业	6	10	26	21	68	103	70	140
002040	南京港	水上运输业	129	143	127	136	126	138	138	124
002091	江苏国泰	批发业	27	35	29	36	23	34	57	37
002186	全聚德	餐饮业	63	42	46	14	9	45	33	43
002187	广百股份	零售业	24	21	28	46	58	56	66	58
600004	白云机场	航空运输业	69	55	61	63	25	14	13	8
600009	上海机场	航空运输业	65	79	20	16	10	3	5	1
600017	日照港	水上运输业	81	74	118	92	48	91	83	114
600018	上港集团	水上运输业	39	78	39	54	45	48	24	34
600020	中原高速	道路运输业	102	110	69	109	88	97	40	57
600026	中海发展	水上运输业	1	109	62	126	153	164	150	75
600029	南方航空	航空运输业	165	138	7	53	106	87	49	36
600033	福建高速	道路运输业	12	47	91	96	84	58	58	31

续表

代码	简称	行业	2008	2009	2010	2011	2012	2013	2014	2015
600051	宁波联合	批发业	123	88	116	91	149	160	105	119
600058	五矿发展	批发业	62	149	89	100	164	155	152	155
600106	重庆路桥	道路运输业	109	105	103	31	82	50	74	70
600115	东方航空	航空运输业	158	153	2	51	36	137	113	39
600119	长江投资	道路运输业	150	152	147	39	150	145	132	88
600120	浙江东方	批发业	128	37	57	125	60	33	35	51
600122	宏图高科	零售业	70	84	86	124	147	112	90	100
600125	铁龙物流	铁路运输业	44	14	37	24	30	76	34	91
600128	弘业股份	批发业	156	135	146	120	129	120	135	94
600153	建发股份	批发业	64	41	33	47	19	70	119	33
600190	锦州港	水上运输业	56	82	106	98	116	106	124	127
600203	福日电子	批发业	124	164	162	116	110	104	73	80
600221	海南航空	航空运输业	161	151	6	68	61	96	81	53
600241	时代万恒	批发业	133	100	132	112	119	128	164	149
600242	中昌海运	水上运输业	7	140	27	95	83	165	159	109
600250	南纺股份	批发业	104	133	155	165	114	107	87	164
600258	首旅酒店	住宿业	32	34	19	107	40	63	48	97
600269	赣粤高速	道路运输业	14	23	41	75	52	111	98	84
600270	外运发展	航空运输业	91	139	82	110	66	43	53	22
600272	开开实业	零售业	60	119	145	143	94	135	116	135
600278	东方创业	批发业	116	121	125	42	103	102	130	107
600279	重庆港九	水上运输业	121	125	71	131	148	147	93	117
600280	中央商场	零售业	75	53	135	108	107	6	62	145
600287	江苏舜天	批发业	157	86	150	73	157	12	148	87
600297	广汇汽车	零售业	115	115	154	118	95	124	106	3
600317	营口港	水上运输业	45	131	113	132	51	85	110	62
600327	大东方	零售业	41	16	36	59	91	68	94	66
600335	国机汽车	批发业	146	167	165	8	42	24	21	24
600337	美克家居	零售业	127	117	114	86	121	66	95	59
600350	山东高速	道路运输业	19	27	16	7	16	16	16	10
600361	华联综超	零售业	53	73	40	50	37	57	51	142
600368	五洲交通	道路运输业	79	63	48	88	89	142	134	166
600377	宁沪高速	道路运输业	43	38	21	20	21	15	15	19
600382	广东明珠	批发业	46	137	55	30	12	89	2	146

续表

代码	简称	行业	2008	2009	2010	2011	2012	2013	2014	2015
600386	北巴传媒	零售业	99	29	51	45	44	42	26	50
600387	海越股份	批发业	154	92	120	130	69	81	140	151
600428	中远航运	水上运输业	2	146	111	144	93	139	43	137
600511	国药股份	批发业	20	24	30	80	24	25	17	17
600515	海航基础	零售业	160	157	94	160	29	136	71	101
600548	深高速	道路运输业	90	93	65	72	86	71	11	29
600561	江西长运	道路运输业	57	51	43	38	41	51	44	134
600575	皖江物流	水上运输业	101	150	67	9	144	121	163	138
600611	大众交通	道路运输业	94	90	70	113	127	100	82	54
600626	申达股份	批发业	110	114	79	77	90	117	114	108
600628	新世界	零售业	82	96	95	104	77	80	100	106
600647	同达创业	批发业	139	1	112	70	72	41	157	95
600648	外高桥	批发业	30	101	117	145	70	143	97	115
600650	锦江投资	道路运输业	22	36	38	57	54	46	38	44
600653	申华控股	零售业	151	102	119	147	156	141	161	148
600655	豫园商城	零售业	54	59	47	56	31	22	32	63
600662	强生控股	道路运输业	103	95	107	34	104	67	80	98
600676	交运股份	道路运输业	85	76	87	103	56	73	59	67
600677	航天通信	批发业	137	142	74	79	125	146	167	141
600682	南京新百	零售业	112	111	134	111	32	75	1	16
600692	亚通股份	水上运输业	117	148	167	134	73	62	153	18
600693	东百集团	零售业	36	60	59	11	108	150	91	131
600694	大商股份	零售业	15	106	90	26	4	9	14	27
600697	欧亚集团	零售业	11	11	24	6	7	4	8	12
600704	物产中大	批发业	141	8	45	64	97	105	131	7
600712	南宁百货	零售业	28	31	4	49	71	83	151	89
600713	南京医药	零售业	125	113	164	150	163	162	122	125
600717	天津港	水上运输业	17	112	97	82	100	61	41	74
600723	首商股份	零售业	159	120	115	1	17	36	30	42
600729	重庆百货	零售业	13	13	1	12	5	8	29	45
600738	兰州民百	零售业	51	56	60	48	18	23	56	118
600739	辽宁成大	批发业	33	12	18	3	112	90	85	130
600751	天海投资	水上运输业	163	160	161	164	137	152	115	128
600753	东方银星	批发业	167	156	121	166	142	158	162	5

续表

代码	简称	行业	2008	2009	2010	2011	2012	2013	2014	2015
600754	锦江股份	住宿业	98	87	32	93	46	54	37	25
600755	厦门国贸	批发业	78	52	104	101	64	38	103	55
600774	汉商集团	零售业	136	127	73	106	128	109	111	102
600778	友好集团	零售业	83	57	63	13	1	17	28	132
600785	新华百货	零售业	26	3	15	27	15	32	55	78
600787	中储股份	仓储业	92	107	92	83	38	92	76	77
600794	保税科技	仓储业	38	5	10	23	34	77	88	72
600798	宁波海运	水上运输业	52	159	98	142	166	159	156	81
600811	东方集团	批发业	149	154	156	87	65	30	61	122
600814	杭州解百	零售业	68	70	96	84	92	114	7	64
600821	津劝业	零售业	166	144	142	85	141	153	72	161
600822	上海物贸	批发业	55	54	136	140	161	52	47	160
600824	益民集团	零售业	77	91	109	119	81	69	45	56
600826	兰生股份	批发业	126	68	105	151	143	144	9	21
600827	百联股份	零售业	58	49	44	40	53	88	67	83
600828	茂业商业	零售业	23	19	42	28	49	35	46	116
600829	人民同泰	批发业	76	44	52	71	87	161	136	41
600830	香溢融通	租赁业	152	136	151	62	123	53	126	71
600833	第一医药	零售业	119	80	128	114	98	123	109	104
600838	上海九百	零售业	153	147	158	94	159	131	144	112
600857	宁波中百	零售业	140	99	110	35	80	55	75	68
600859	王府井	零售业	37	22	34	15	14	27	112	28
600861	北京城乡	零售业	88	98	137	148	133	140	120	129
600865	百大集团	零售业	107	116	159	149	109	37	68	65
600896	中海海盛	水上运输业	48	124	149	155	167	149	165	133
600897	厦门空港	航空运输业	16	4	11	5	3	1	3	11
600898	三联商社	零售业	144	158	126	33	96	94	107	143
600976	健民集团	零售业	84	64	66	115	50	47	39	60
600981	汇鸿集团	批发业	100	62	141	141	152	72	154	13
600993	马应龙	批发业	42	9	100	81	39	44	36	35
601006	大秦铁路	铁路运输业	18	26	9	22	33	13	12	15
601007	金陵饭店	住宿业	93	83	99	78	105	132	125	120
601008	连云港	水上运输业	114	130	139	127	117	125	139	153
601111	中国国航	航空运输业	164	72	8	52	78	82	65	30

续表

代码	简称	行业	2008	2009	2010	2011	2012	2013	2014	2015
601333	广深铁路	铁路运输业	97	75	81	74	101	119	128	103
601866	中海集运	水上运输业	87	166	49	162	154	166	127	165
601872	招商轮船	水上运输业	21	128	102	139	122	167	143	2
601919	中国远洋	水上运输业	9	161	78	163	165	148	104	139

附录4：批发业2008—2015年发展指数排名（共46家）

代码	简称	2008	2009	2010	2011	2012	2013	2014	2015
000025	特力A	40	41	41	40	41	32	28	15
000028	国药一致	7	6	18	7	3	3	20	6
000032	深桑达A	33	31	37	34	8	43	5	18
000096	广聚能源	12	30	30	29	37	24	21	9
000151	中成股份	27	39	46	42	5	4	7	39
000159	国际实业	10	33	1	10	34	40	15	43
000411	英特集团	16	20	14	4	19	17	17	21
000554	泰山石油	1	23	2	3	1	5	31	19
000626	如意集团	20	10	17	11	29	20	2	3
000632	三木集团	38	17	39	44	23	41	43	13
000638	万方发展	2	19	35	43	45	30	27	44
000652	泰达股份	26	22	19	41	36	9	37	34
000701	厦门信达	15	24	16	14	31	1	11	20
000705	浙江震元	28	35	32	31	15	29	30	32
000829	天音控股	19	11	22	33	35	34	13	42
000906	物产中拓	43	7	8	12	26	8	25	31
000996	中国中期	24	13	12	35	11	36	38	36
002091	江苏国泰	4	8	4	6	6	12	12	12
600051	宁波联合	29	26	26	23	40	45	24	29
600058	五矿发展	13	42	20	24	46	42	40	41
600120	浙江东方	32	9	11	30	12	11	8	16
600128	弘业股份	44	37	38	28	33	33	34	24
600153	建发股份	14	12	6	9	4	18	29	10
600203	福日电子	30	45	44	27	25	26	16	22
600241	时代万恒	34	28	33	26	30	35	45	38
600250	南纺股份	22	36	42	45	28	28	19	46
600278	东方创业	25	34	31	8	24	25	32	26

续表

代码	简称	2008	2009	2010	2011	2012	2013	2014	2015
600287	江苏舜天	45	25	40	17	43	2	39	23
600335	国机汽车	39	46	45	2	10	6	6	8
600382	广东明珠	9	38	10	5	2	22	1	37
600387	海越股份	42	27	28	32	16	21	36	40
600511	国药股份	3	5	5	20	7	7	4	5
600626	申达股份	23	32	15	18	21	31	26	27
600647	同达创业	36	1	25	15	18	14	42	25
600648	外高桥	5	29	27	38	17	37	22	28
600677	航天通信	35	40	13	19	32	39	46	35
600704	物产中大	37	2	7	13	22	27	33	2
600739	辽宁成大	6	4	3	1	27	23	18	33
600753	东方银星	46	44	29	46	38	44	44	1
600755	厦门国贸	18	15	23	25	13	13	23	17
600811	东方集团	41	43	43	22	14	10	14	30
600822	上海物贸	11	16	34	36	44	16	10	45
600826	兰生股份	31	21	24	39	39	38	3	7
600829	人民同泰	17	14	9	16	20	46	35	14
600981	汇鸿集团	21	18	36	37	42	19	41	4
600993	马应龙	8	3	21	21	9	15	9	11

附录5：零售业2008—2015年发展指数排名（共55家）

代码	简称	2008	2009	2010	2011	2012	2013	2014	2015
000026	飞亚达A	36	36	36	43	42	42	29	26
000078	海王生物	44	51	28	49	46	36	52	6
000417	合肥百货	8	11	6	3	12	12	15	24
000419	通程控股	34	23	30	25	29	32	31	40
000501	鄂武商A	14	9	8	9	5	2	5	3
000516	国际医学	23	14	11	29	27	38	7	17
000560	昆百大A	48	40	20	35	43	46	48	52
000564	西安民生	11	49	25	37	21	28	30	27
000593	大通燃气	37	7	44	15	51	34	49	35
000679	大连友谊	24	15	4	47	38	48	47	55
000753	漳州发展	50	32	45	33	48	37	53	53
000759	中百集团	13	18	21	27	24	31	36	36
000785	武汉中商	27	28	29	28	23	27	38	50
000851	高鸿股份	46	27	51	54	49	22	50	29
000963	华东医药	12	2	13	11	7	4	2	2
000987	越秀金控	2	3	3	2	2	7	8	7
002024	苏宁云商	1	4	9	10	25	39	25	46
002187	广百股份	7	12	10	20	22	20	22	14
600122	宏图高科	26	33	31	46	52	41	32	30
600272	开开实业	22	47	50	48	34	49	44	45
600280	中央商场	28	20	47	39	39	3	21	49
600297	广汇汽车	40	44	52	44	35	45	39	1
600327	大东方	17	8	14	26	32	24	34	21
600337	美克家居	43	46	39	32	44	23	35	15
600361	华联综超	19	30	15	23	16	21	18	47
600386	北巴传媒	35	16	19	19	17	17	9	12
600515	海航基础	54	54	33	55	13	50	26	31

续表

代码	简称	2008	2009	2010	2011	2012	2013	2014	2015
600628	新世界	30	35	34	36	28	29	37	34
600653	申华控股	51	39	41	50	53	52	55	51
600655	豫园商城	20	24	18	24	14	9	13	18
600682	南京新百	39	42	46	40	15	26	1	5
600693	东百集团	15	25	22	5	40	53	33	43
600694	大商股份	5	41	32	12	3	6	6	8
600697	欧亚集团	3	5	7	4	6	1	4	4
600712	南宁百货	10	17	2	22	26	30	54	28
600713	南京医药	42	43	55	53	55	55	46	41
600723	首商股份	53	48	40	1	10	15	12	10
600729	重庆百货	4	6	1	6	4	5	11	11
600738	兰州民百	18	21	23	21	11	10	20	39
600774	汉商集团	45	50	27	38	45	40	42	32
600778	友好集团	31	22	24	7	1	8	10	44
600785	新华百货	9	1	5	13	9	13	19	23
600814	杭州解百	25	29	35	30	33	43	3	19
600821	津劝业	55	52	49	31	50	54	27	54
600824	益民集团	29	34	37	45	31	25	16	13
600827	百联股份	21	19	17	18	20	33	23	25
600828	茂业商业	6	10	16	14	18	14	17	38
600833	第一医药	41	31	43	41	37	44	41	33
600838	上海九百	52	53	53	34	54	47	51	37
600857	宁波中百	47	38	38	17	30	19	28	22
600859	王府井	16	13	12	8	8	11	43	9
600861	北京城乡	33	37	48	51	47	51	45	42
600865	百大集团	38	45	54	52	41	16	24	20
600898	三联商社	49	55	42	16	36	35	40	48
600976	健民集团	32	26	26	42	19	18	14	16

附录6：运输业（航空、道路、水上、铁路）2008—2015年发展指数排名（共54家）

代码	简称	行业	2008	2009	2010	2011	2012	2013	2014	2015
000022	深赤湾A	水上运输业	5	8	9	15	7	8	8	6
000089	深圳机场	航空运输业	20	4	12	12	10	18	34	20
000099	中信海直	航空运输业	32	26	30	33	25	21	26	34
000507	珠海港	水上运输业	42	38	36	6	43	35	25	35
000520	长航凤凰	水上运输业	48	53	53	54	51	49	29	21
000548	湖南投资	道路运输业	47	34	49	44	46	39	20	39
000582	北部湾港	水上运输业	27	13	21	16	4	2	10	37
000900	现代投资	道路运输业	3	1	2	4	21	10	12	16
000905	厦门港务	水上运输业	36	39	46	35	13	9	11	19
000916	华北高速	道路运输业	24	11	26	27	19	14	22	41
002040	南京港	水上运输业	46	43	47	46	41	41	46	44
600004	白云机场	航空运输业	26	15	22	22	6	5	5	3
600009	上海机场	航空运输业	25	22	10	5	2	3	2	1
600017	日照港	水上运输业	29	18	45	30	15	29	33	42
600018	上港集团	水上运输业	15	21	16	20	14	13	9	14
600020	中原高速	道路运输业	39	30	27	37	31	31	15	24
600026	中海发展	水上运输业	1	29	23	40	49	51	49	29
600029	南方航空	航空运输业	54	40	4	19	37	28	19	15
600033	福建高速	道路运输业	7	12	35	32	29	17	23	13
600106	重庆路桥	道路运输业	41	28	40	10	27	15	28	27
600115	东方航空	航空运输业	50	49	1	17	11	40	39	17
600119	长江投资	道路运输业	49	48	50	14	48	44	44	32
600125	铁龙物流	铁路运输业	17	3	14	9	8	25	13	33
600190	锦州港	水上运输业	22	23	41	34	38	33	41	45
600221	海南航空	航空运输业	51	47	3	23	22	30	31	22
600242	中昌海运	水上运输业	4	42	13	31	28	52	52	40
600269	赣粤高速	道路运输业	8	5	17	26	17	34	36	31

续表

代码	简称	行业	2008	2009	2010	2011	2012	2013	2014	2015
600270	外运发展	航空运输业	34	41	33	38	23	11	21	10
600279	重庆港九	水上运输业	45	33	29	42	47	45	35	43
600317	营口港	水上运输业	18	37	44	43	16	27	38	25
600350	山东高速	道路运输业	12	7	8	2	3	7	7	4
600368	五洲交通	道路运输业	28	16	19	29	32	43	45	54
600377	宁沪高速	道路运输业	16	10	11	7	5	6	6	9
600428	中远航运	水上运输业	2	44	43	49	33	42	17	49
600548	深高速	道路运输业	33	25	24	24	30	23	3	11
600561	江西长运	道路运输业	23	14	18	13	12	16	18	48
600575	皖江物流	水上运输业	38	46	25	3	45	37	53	50
600611	大众交通	道路运输业	35	24	28	39	42	32	32	23
600650	锦江投资	道路运输业	14	9	15	21	18	12	14	18
600662	强生控股	道路运输业	40	27	42	11	36	22	30	36
600676	交运股份	道路运输业	30	20	34	36	20	24	24	26
600692	亚通股份	水上运输业	44	45	54	45	24	20	50	8
600717	天津港	水上运输业	10	31	37	28	34	19	16	28
600751	天海投资	水上运输业	52	51	52	53	44	48	40	46
600798	宁波海运	水上运输业	21	50	38	48	53	50	51	30
600896	中海海盛	水上运输业	19	32	51	50	54	47	54	47
600897	厦门空港	航空运输业	9	2	7	1	1	1	1	5
601006	大秦铁路	铁路运输业	11	6	6	8	9	4	4	7
601008	连云港	水上运输业	43	36	48	41	39	38	47	52
601111	中国国航	航空运输业	53	17	5	18	26	26	27	12
601333	广深铁路	铁路运输业	37	19	32	25	35	36	43	38
601866	中海集运	水上运输业	31	54	20	51	50	53	42	53
601872	招商轮船	水上运输业	13	35	39	47	40	54	48	2
601919	中国远洋	水上运输业	6	52	31	52	52	46	37	51

主要参考文献

[1] Wolf, H. International Home Bias in Trade, Review of Economics and Statistics, 2000, 82 (4): 555–563.

[2] Dennis L J. Shifts in the Wholesale Trade Status of U.S. Metropolitan Areas [J]. Professional Geographer, 1984, 36 (1): 51–63.

[3] MARTIN P, ROGERS C A. Industrial location and public infrastructure [J]. Journal of International Economics, 1995. 39 (3–4): 335–351.

[4] Beaver W. Financial Ratios as Predictors of Failure [J]. Supplement to Journal of Accounting Research, 1966 (4): 71–111.

[5] Altman E. Financial Ratios, Discriminant Analysis and the Prediction of Corporate Bankruptcy [J]. Journal of Finance, 1968 (9): 589–609.

[6] Ohlson J. Financial Ratios and the Probabilistic Prediction of Bankruptcy [J]. Journal of Accounting Research, 1980 (18): 109–131.

[7] Odom M, Sharda R. A Neural Network for Bankruptcy Prediction [C]. International Joint Conference on Neural Networks, 1990, 2: 163–168.

[8] Min J H, Lee Y C. Bankruptcy Prediction Using Support Vector Machine with Optimal Choice of Kernel Function Parameters [J]. Expert Systems with Applications, 2005, 28 (4): 603–614.

[9] 陈金伟, 张昊. 零售企业规模不经济问题研究——基于企业特性和竞争环境的面板数据分析 [J]. 中国流通经济, 2013 (3): 76–82.

[10] 樊秀峰, 韩亚峰. 我国零售企业横向并购效果实证研究——基于上市公司数据的研究 [J]. 商业经济与管理, 2012 (7): 14–20.

[11] 樊秀峰, 严明义. 跨国零售企业: 高控制要求及其多元实现路径——基于企业性质与资源特征的分析 [J]. 当代经济科学, 2006 (9): 59–67, 125.

[12] 樊秀峰. 基于供应链的零售企业水平一体化边界分析 [J]. 商业经济与管理, 2006 (1): 9–24.

[13] 樊秀峰. 跨国零售企业行为分析框架: 以沃尔玛为例 [J]. 商业经济与管理, 2009 (7): 12–19.

[14] 李陈华, 柳思维. 流通企业的企业理论新析 [J]. 财经理论与实践, 2005 (5): 108–113.

[15] 李陈华, 文启湘. 流通企业的（规模）边界 [J]. 财贸经济, 2004 (2): 43–48+96.

[16] 李陈华. 零售企业的连锁复制——来自沃尔玛 1971—2008 年的经验证据 [J]. 经济科学, 2009 (4): 118–128.

[17] 李陈华. 中国零售上市公司的成长性与盈利性——以沃尔玛为基准的一个比较 [J]. 财

贸经济，2009（5）：130-135.

[18] 李荣庆.动态视角下的三种连锁组织形成机理分析——基于种群生态模型的解释[J].中国流通经济，2009（4）：58-61.

[19] 刘晓雪.商业企业规模结构哑铃状分布究因——北京市商业企业规模结构变动分析[J].北京工商大学学报（社会科学版），2007（9）：11-16.

[20] 聂正安.零售企业扩张实践质疑威廉姆森命题[J].财贸经济，2005（9）：34-37，96-97.

[21] 欧阳文和，李坚飞.零售（连锁）企业管理标准化的理论与实证——来自沃尔玛的证据[J].管理案例研究与评论，2008（4）：16-23.

[22] 任保平.中国商贸流通业发展方式的评价及其转变的路径分析[J].商业经济与管理，2012（8）：5-12.

[23] 宋则，王水平.中国零售产业安全问题研究——框架、评测和预警[J].经济研究参考，2010（56）：2-24.

[24] 孙前进.中国现代流通体系框架构成探索[J].中国流通经济，2011（10）：12-16.

[25] 肖赞军，文启湘.流通企业的规模、规模经济与核心竞争力[J].河北经贸大学学报，2007（7）：37-42.

[26] 闫星宇，王小佳.我国零售连锁企业城市扩张影响因素的实证分析[J].北京工商大学学报（社会科学版），2011（7）：33-37.

[27] 姚瑶，左斌.2011世界500强生产资料流通企业比较分析[J].中国流通经济，2012（7）：26-31.

[28] 俞彤晖.中国流通效率区域差异演进趋势分析[J].北京工商大学学报（社会科学版），2016（1）：31-40.

[29] 袁武聪，夏春玉，曹志来.中国大型零售企业规模扩张方式的选择——基于上市零售公司的实证研究[J].中国零售研究，2009（6）：31-41.

[30] 张丽淑，樊秀峰.跨国企业行为视角：我国零售产业安全评估[J].当代经济科学，2011（1）：69-77，126.

[31] 张武康，郭立宏.网络零售业态引入对零售企业绩效的影响研究[J].统计与决策，2015（12）：181-184.

[32] 赵玻，陈阿兴.主导零售商并购与市场势力研究[J].产业经济研究，2009（5）：53-59.

[33] 赵凯，宋则.商贸流通服务业影响力及作用机理研究[J].财贸经济，2009（1）：102-108.

[34] 赵萍.2014年中国流通产业回顾与2015年展望[J].中国流通经济，2015（1）：1-10.

[35] 赵萍.线上线下融合发展进入实质阶段——2015年中国流通产业回顾与2016年展望[J].中国流通经济，2015（12）：24-29.

[36] 中国社会科学院财政与贸易经济研究所课题组.中国商贸流通服务业影响力研究[J].经济研究参考，2009（31）：2-9.

[37] 中国社会科学院课题组.商贸流通服务业影响力实证分析[J].中国流通经济，2008（3）：9-12.

[38] 仲伟周，郭彬，彭晖.我国零售业市场集中度影响因素的实证分析［J］.北京工商大学学报（社会科学版），2012（1）：15–22.

[39] 王作春，俞静，甘仞初，中国存货指数的设计及应用分析研究［J］，经济与管理研究，2005（8）：52–54.

[40] 张涛，安荔，陈浩，从5000户企业存货指数看我国经济周期波动［J］，金融研究，2010（7）：35–44.

[41] 中国中小企业经济发展指数课题组.中国中小企业经济发展指数研究报告［M］.北京：科学出版社，2008.

[42] 李作聚.国际商贸中心城市建设中的物流业发展研究［J］.中国流通经济，2011（8）：40–45.

[43] 李明芳，薛景梅.京津冀轴辐式区域物流网络构建与对策［J］.中国流通经济，2015（1）：106–111.

[44] 潘裕娟，曹小曙.批发业空间及其形成机制研究综述［J］.人文地理，2014（1）：15–19.

[45] 张琦.北京市现代物流中心构建及发展策略研究［J］.中国流通经济，2011（11）：46–49.

[46] 孙静.北京物流需求数量与结构变化趋势分析［J］.商业时代，2011（34）：39–40.

[47] 何黎明.2012年我国物流业发展回顾与2013年展望［J］.物流技术与应用.2013（3）：50–54.

[48] 黎红等.从某大型专业批发市场看批发市场与现代物流功能的整合［J］.物流技术，2007（7）：29–31.

[49] 张宏武等.日本构建物流体系的经验对我国的启示［J］.中国流通经济，2005（9）：15–18.

[50] 郭崇义，庞毅.北京大型批发市场辐射力研究［J］.北京工商大学学报，2010（3）：32–36.

[51] 张远.关于城市中心区批发市场布局调整的思考［J］.中国流通经济，2013（9）：105–109.

[52] 石忆邵.中国市场群落发展机制［J］.地理学报，2002（2）：354–362.

[53] 陈刚，李树.司法独立与市场分割——以法官异地交流为实验的研究［J］.经济研究，2013（9）：30–42.

[54] 江曼琦，谢姗.京津冀地区市场分割与整合的时空演化［J］.南开学报（哲学社会科学版），2015（1）：97–109.

[55] 洪涛，郑强.城市流通力的内涵及其相应指标体系的建立［J］.商业经济与管理，2002（11）：10–14.

[56] 裴长洪，彭磊.中国流通领域改革开放回顾［J］.中国社会科学，2008（6）：86–100.

[57] 任保平.发挥商贸流通业在后危机时代扩大总需求的作用［J］.贵州社会科学，2010（5）：52–55.

[58] 石忆邵，朱卫锋.商贸流通业竞争力初探：以南通市为例［J］.财经研究，2004（5）：114–121.

［59］宋则，张弘．中国流通现代化评价指标体系研究［J］．商业时代，2003（11）：2-3．

［60］宋则，郭冬乐，荆林波．中国流通理论前沿［M］．北京：社会科学文献出版社，2006：60-83．

［61］孙薇．基于因子分析法的地区流通力比较研究［J］．财贸研究，2005（4）：36-42．

［62］项俊波．中国经济结构失衡的测度与分析［J］．管理世界，2008（9）：1-11．

［63］叶宗裕．关于多指标综合评价中指标正向化和无量纲化方法的选择［J］．浙江统计，2003（4）：24-25．

［64］周日星，苏为华，张悦等．商贸流通业统计监测评价体系研究［M］．北京：中国市场出版社，2006：20-33．

［65］吴世农，黄世忠．企业破产的分析指标和预测模型［J］．中国经济问题，1986（6）：15-22．

［66］周首华，杨济华，王平．论财务危机的预警分析——F分数模式［J］．会计研究，1996（8）：8-11．

［67］陈静．上市公司财务恶化预测的实证分析［J］．会计研究，1999（4）：31-38．

［68］吴世农，卢贤义．我国上市公司财务困境的预测模型研究［J］．经济研究，2001（6）：46-56．

［69］杨淑娥，黄礼．基于BP神经网络的上市公司财务预警模型［J］．系统工程理论与实践，2005（1）：12-19．

［70］赵德武，马永强，黎春．中国上市公司财务指数编制：意义、思路与实现路径［J］．会计研究，2012（12）：3-11．

［71］宋则．新时期中国流通产业发展的新思路［J］．广东商学院学报，2004（4）：13-19．

［72］宋则，王京．新时期流通业的发展与经济结构的调整［J］．财贸经济，2002（11）：25-30．

［73］李海舰．中国流通产业创新的政策内容及其对策建议［J］．中国工业经济，2003（12）：39-47．

［74］刘向东，张小军，石明明．中国流通产业增长方式的转变——基于流通增长方式转变模型的实证分析［J］．管理世界，2009（2）：167-169．

［75］郭冬乐，方虹．中国流通产业组织结构优化与政策选择［J］．财贸经济，2002（3）：59-66．

［76］邱毅．中国流通理论创新、政府政策与发展方式转变——"中国流通创新与发展方式转变"学术研讨会综述［J］．商业经济与管理，2008（3）：15-19．

［77］李骏阳．中国流通业发展方式转变问题研究［J］．中国流通经济，2010（4）：11-14．

［78］唐龙．再论从"转变经济增长方式"到"转变经济发展方式"［J］．探索，2009（1）：78-81．

［79］黄国雄．论流通发展方式的转变［J］．北京工商大学学报（社会科学版），2010（3）：1-6．

［80］章迪平．流通业发展方式转变实证研究——以浙江省为例［J］．商业经济与管理，200（8）：22－28．

［81］韩耀，何广前．流通技术结构变迁与流通产业的发展［J］．北京工商大学学报（社会科

学版），2006（5）：1-5.

[82] 孙敬水，章迪平.流通产业发展方式转变国际经验与启示［J］.中国流通经济，2010（4）：15-18.

[83] 王晓东.完善我国市场流通体系的宏观思考［J］.商业经济与管理，2012（3）：5-10.

[84] 王晓东，张昊.中国国内市场分割的非政府因素探析——流通的渠道、组织与统一市场构建［J］.财贸经济，2012（11）：85-92.

[85] 王晓东.关于统一市场问题的一个研究框架［J］.商业经济与管理，2003（6）：4-7.

[86] 刘向东，张小军，石明明.中国流通产业增长方式的转型——基于流通增长方式转换模型的实证分析［J］.管理世界，2009（2）：167-169.

[87] 洪涛."十二五"中国特色流通体系及其战略研究［J］.商场现代化，2011（24）：13-17.

[88] 丁俊发.中国流通业的变革与发展［J］.中国流通经济，2011（6）：20-24.

[89] 刘向东，石杰慎.我国商业的产业关联分析及国际比较［J］.中国软科学，2009（4）：42-49.

[90] 刘向东，李敏.中国零售学术研究的现状与趋势——基于中国与美国、欧洲的比较分析［J］.商业经济与管理，2012（2）：5-13.

[91] 刘国光.发展流通产业要计划和市场两种手段并用［J］.中国流通经济，2011（2）：4-6.

[92] 王晓东，谢莉娟.新时期流通结构优化升级之再认识［J］.中国流通经济，2011（7）：21-25.

[93] 王晓东.论我国工业品批发体系重构与完善［J］.经济理论与经济管理，2011（7）：99-105.

[94] 黄国雄.加强流通理论创新推动流通产业快速发展［J］.中国流通经济，2010（4）：8-10.

[95] 王晓东.流通产业增长中的批发依赖性研究——基于工业品分类样本的实证检验［J］.经济理论与经济管理，2014（3）：36-47.

[96] 王晓东，梁云.生产资料批发业发展与制造业效率提升——基于地区和行业面板数据的实证分析［J］.经济问题探索，2014（2）：38-43.

[97] 王晓东.由电商之争看我国零售商业发展问题［J］.商业时代，2014（3）：47-49.

[98] 王晓东，张昊.论独立批发商职能与流通渠道利益关系的调整［J］.财贸经济，2011（8）：81-86.

[99] 张沈清.战后日本流通产业演进研究［D］.沈阳：吉林大学，2009.

[100] 周广为.我国商贸流通业的税负水平及税收政策优化［J］.物流技术，2015（8）：40-42.

[101] 武云亮，赵玻，中国流通产业理论与政策研究［M］.合肥：合肥工业大学出版社，2008.

[102] 马龙龙.中国流通改革——批发业衰落与崛起［M］.北京：中国人民大学出版社，2009.

[103] 王晓东，吴中宝.中国流通改革——理论回顾与评述［M］.北京：中国人民大学出版社，2009.

［104］陈洁.经济全球化背景下中国商贸服务业产业安全研究［D］.长沙：湖南大学，2014.

［105］张毅，刘维奇，李景峰.中国物流上市公司成本效率的收敛性——基于共同前沿方法的分析［J］.财经研究，2011（9）：59-69.

［106］曹小华.中国物流业市场绩效实证研究［D］.北京交通大学，2012.

［107］陈宇峰，章武滨.中国区域商贸流通效率的演进趋势与影响因素［J］.产业经济研究，2015（1）：53-59.

［108］张毅，牛冲槐.中国上市物流公司成本效率收敛分析［J］.管理评论，2013（9）.

［109］黄国雄，刘玉奇，王强.中国商贸流通业60年发展与瞻望［J］.财贸经济，2009（9）：26-32.

［110］孙敬水，姚志.现代流通产业核心竞争力研究进展［J］.北京工商大学学报（社会科学版），2013（6）：4-11.

［111］孙明贵.浅析90年代以来日本"流通革命"的原因［J］.现代日本经济，2003（2）：22-27.

［112］谢莉娟.日美工业品流通体系的模式比较与启示［J］.商业经济与管理，2012（3）：11-18.

［113］中国商业联合会，国务院第二次全国经济普查领导小组办公室.中国零售业发展研究报告［M］.北京：中国统计出版社，2011.

［114］王志平."人类发展指数"（HDI）：含义、方法及改进［J］.上海行政学院学报，2007（3）：47-57.

［115］张岩，日本流通体制变革研究［D］.沈阳：辽宁大学，2006.

［116］孙前进，日本现代流通政策体系的形成及演变［J］.中国流通经济，2012（10）：13-18.

［117］商务部研究院，中国现代流通30年［M］.北京：中国商务出版社，2008.

［118］黄国雄，论流通产业是基础产业［J］.财贸经济，2005（4）：61-66.

［119］祝合良，中国流通发展与改革前沿（2009—2014）［J］.北京，中国经济出版社，2016.

［120］刘庆林，韩经纶，流通革命理论及其在日本流通业的验证［J］.外国经济与管理，2004（1）：40-43.

［121］王化成，陆凌，张昕，等.加强会计指数研究，全面提升会计在经济社会发展中的影响力［J］.会计研究，2012（11）：7-11.

［122］赵德武，马永强，黎春.中国上市公司财务指数编制：意义、思路与实现路径［J］.会计研究，2012（12）：3-11.

［123］戴斌，秦宇，夏莉，舒标.我国旅游业上市公司发展指数研究：2002—2006［J］.旅游学刊，2008；（6）12-17.

［124］马珩，孙宁.中国制造业发展指数的构建与应用研究［J］.华东经济管理，2011（12）：34-36.

［125］肖小和，王亮.中国票据市场发展指数的构建与实证分析［J］.金融与经济，2015（1）：70-74.

［126］文拥军.基于超效率DEA模型的零售业上市公司经营效率评价［J］.财会通讯，2009（11）：36-37.

[127] 刘秋生，钟洪磊.零售业上市公司的收益质量评价［J］.商业会计，2012（19）：35-37.

[128] 杨波.我国零售业上市公司经营效率评价与分析［J］.山西财经大学学报，2012（1）：52-61.

[129] 曾庆均，朱静波.我国零售业上市公司成长性评价［J］.西部论坛，2012（4）：86-94.

[130] 邹杨，朱永永.基于因子分析法的零售业上市公司综合质量评价［J］.商业时代，2013（22）：27-29.

[131] 田笑丰，卢静.零售业上市公司综合实力评价——基于因子分析法的实证分析［J］.财会通讯，2012；（15）69-71.

[132] 刘永胜.北京地区制造业上市公司物流风险预警——基于主成分分析方法［J］.中国流通经济，2013：（4）60-66.

[133] 林海明，杜子芳.主成分分析综合评价应该注意的问题［J］.统计研究，2013（8）：25-31.

[134] 邱东.多指标综合评价方法［J］.统计研究，199（6）：43-51.

[135] 刘晓雪.商业企业规模结构哑铃状分布究因——北京市商业企业规模结构变动分析［J］.北京工商大学学报（社会科学版），2007（9）：11-16.

[136] 袁武聪，夏春玉，曹志来.中国大型零售企业规模扩张方式的选择——基于上市零售公司的实证研究［J］.中国零售研究，2009（6）：31-41.

[137] 洪涛，郑强.城市流通力的内涵及其相应指标体系的建立［J］.商业经济与管理，2002（11）：10-14.

[138] Kiyohiko G, Nishimura. The distribution system of Japan and united states: a comparative study form the viewpoint of final-good buyers［J］. Japan and the World Economy, 1993, 5（3）: 265 − 288.

[139] OECD. Regulation and performance in the distribution sector［Z］. Paris: OECD Working Papers, 1997, 5（75）.

致　谢

本书是北京物资学院重大课题"商贸流通企业发展指数研究"（ZD2013001）项目结项成果。自从项目立项以来，由于种种原因，进度不能令人满意，主要是由于本人的学识和能力不够导致的。项目的成功申请得益于已故商学院副院长贾炜莹教授的辛勤努力。感谢项目主持人商学院院长魏国辰教授给予的关心、指导、信任，感谢项目组成员陈前前、徐锋利、刘波、兰凤云等人的大力支持，特别是陈前前、刘波在数据处理等方面做的卓有成效的工作。